この1冊ですべてわかる

# SCMの基本

The Basics of
Supply Chain Management

## 石川和幸
Ishikawa Kazuyuki

日本実業出版社

## はじめに

　SCMという言葉が日本に定着してだいぶ月日がたちます。SCM改革が倉庫の統合、在庫の削減、配送の改善などの業務改善や単なるシステムの導入で終わっていて、本来のマネジメントシステムとして機能していない点を危惧して、『図解 SCMのすべてがわかる本』を上梓したのが2008年。それ以降、多くの読者の方に愛されて版を重ねることができましたが、SCMのインフラである物流の新たな変革の潮流とIoT:Internet of Thingsや人工知能の登場により、企業を取り巻く経済環境は少しずつ変化しています。そこで、このたび上記の書籍の内容を見直したうえで改題して発行する運びとなりました。

　SCMが浸透してきたとはいえ、私は、いまだに多くの企業からSCM改革やSCM業務の立て直しのご相談を受けます。相談の理由は、以下の4つに大別できます。

①過去のSCM改革は失敗だった

②一時的に効果を出せたが、もとに戻った

③環境が変わり、もう一度SCM改革が必要になった

④SCM改革にこれから着手する

　上記の①、②に当てはまる企業はSCM改革に失敗したと考えられます。誤解をおそれずに言うと、「SCM改革を小手先の改善と勘違いしていた」ことが原因と考えられます。SCMシステムを導入したり、SCM組織を作ればSCMはでき上がると勘違いしていたのです。

　その結果、何が起きたのかというと、一部の業務が改善されたしわ寄せが他部署に及んだだけで、顧客はもとより財務への貢献もなく、自社のビジネスによい結果を生まないということになったのです。

　③、④はまさにいまSCM改革をしなければならない企業です。グローバル化の進展によって激しい変化と厳しい競争にさらされる昨今、営業や生産といった個別組織の頑張りでは対処しきれなくなり、全社的な改革が必要になってきているのです。組織横断でマネジメントを再構築するために、SCM改革が必要になってきているのです。

SCMは、Supply Chain Managementの略称です。"マネジメント"と呼ばれている限り、その目的は、企業利益を最大にすべくビジネスの目標に向けてヒト、モノ、カネなどの経営資源を最適配分して仕組み化し、PDCAのマネジメントサイクルが回るようにすることなのです。小手先の改善が、儲け続けるためのサプライチェーンをマネジメントする仕組みを生むはずがありません。また、永続的な改革につながるはずもありません。

　自社のビジネスはどうあって、どのようなビジネスモデルを選択して、それを実現するためのサプライチェーンの土台、マネジメント業務モデル、実行業務をどのように構築すべきか——。この議論を避けていては、競争力の源泉は何で、いかに業務を組み上げ、どのように業務を営んでいけばよいかがわからないままになってしまい、SCMの仕組みはきちんと構築されないのです。


　本書では、SCMをサプライチェーン"マネジメント"として構築していく方法を詳しく紹介しました。以下の構成になっているので、興味のあるところから読み進めてください。

　第1章：SCMの目的が儲け続けることであって、その目的を達成するためにSCMはどのように貢献できるのかを説明しています。物流領域は新たな競争領域となりつつあります。物流の新潮流も解説しています。

　第2章：SCMのインフラとなる実際の物流構造についての説明です。SCMの土台の組み上げ方を明示し、そのあとのSCM上の計画と実行指示の足腰となるための改革の着眼点を明らかにしています。

　第3章から第6章までは、SCMのキモとなる計画業務を機能単位に説明しています。計画業務は、顧客へのサービスレベルを決めるもの——すなわち、販売の売り玉となる在庫数量、生産と調達の枠を決め、企業財務に直結する重要な業務——なのです。

　計画業務が会社の儲けを決めるといっても過言ではなく、きちんと組み上げられるべきなのです。ところが、いままでに発行されたSCM関連の書籍の多くが、このもっとも重要な計画業務に関してほとんど言及してきませんでした。それはとりもなおさず、外部から見たときの計画業務の複

雑さ、秘匿性に原因がある一方で、企業内部でも目に見える実行業務や会計数字に気をとられて、計画業務の重要性に気づくのが遅れていたことも大きな要因です。

受注・出荷や配送などの実行業務ではなく、優れた計画業務が業績を決めるもっとも重要なものです。計画業務の重要性について着目した本書は、稀有な存在ということができます。また、計画業務の新たな潮流としてS&OP：Sales & Operation Planも解説しています。

第7章では、計画業務を受けて、実行業務をいかに効率的に組み上げるかを説明しています。受注・出荷などの実行業務もきちんと組み上げられていないと、せっかくの計画が「絵に描いた餅」になってしまいます。計画遂行のためには、効率的でスピーディーな実行業務が必要です。

第8章では、拡大するSCM領域の動きをおさえ、SCMをさらに進化させる方法を取り上げています。実行結果をチェックし、アクションするためにSCMを「見える化」する方法と、SCMをより収益に貢献させるようにするための視野の拡大について記述しました。

第9章ではSCMの最新動向を書いています。テクノロジーの潮流として、IoTの進展、プロセスのロボット化を進めるRPA: Robotic Process Automation、人工知能＝AI: Artificial Intelligenceなどの革新とこれからの業務への影響も明らかにしています。

第10章、第11章は、実際にSCM構築を開始するにあたっての重要な視点を提供しています。

第10章では、SCMの構築は、複雑に絡み合っている要因の「紐」解きである旨を書いています。絡み合った要因を解き明かさないと、そもそもSCMができ上がらず、業務は常にベテランの属人的な要素に依存したブラックボックスと化してしまいます。

最後に、第11章でSCM構築のステップを明示しています。自らのビジネスモデルに適したサプライチェーンをどのように構築するべきか、そのポイントをご理解いただけることでしょう。

本書は、冒頭であげた③環境が変わり、もう一度SCM改革が必要になった企業、④SCM改革にこれから着手する企業にとっては福音となるは

ずです。SCM構築・再構築の進め方を明らかにしていますし、多くの企業の失敗の轍を踏まずに済む方法論がまとめられているからです。

　SCMは、「どこまでマネジメントの質を高めることができるか」という、永久改革テーマです。

　組織があって、人がいて、リスクと利害があって、そこにいろいろな制約条件が絡むなかで最大限の利益を継続的に上げ続けるためには、変化の激しい環境にどう対応して、どう「必要なものを、必要な場所に、必要なときに、必要な量だけ」届けるかを考え続ける必要があります。

　変化する環境への将来を見据えた対応を考え、限りある経営資源を使って、永続的に儲け続けるためのマネジメントシステムを構築することがSCMの果たす役割です。私の使命は、この点でできるだけたくさんの企業に貢献することです。

　本書が『図解 SCMのすべてがわかる本』と同様、少しでもみなさんがSCMを構築する際の参考になることを願います。

　　2017年10月　　　　　　　　　　　　　　　　　　石川　和幸

## CONTENTS
### SCMの基本

はじめに

## 第1章
# SCMで何が実現するのか

1 組織・会社の壁を取り払う ----------------------------------------- 14
　原材料から顧客までの効率的な供給のチェーンを構築する

2 「ムダをなくして儲け続ける」ことがSCMの目的 ----------------- 16
　販売実績を積み上げ、在庫管理を徹底させる

3 SCMを支える仕組み ------------------------------------------------ 18
　土台（物流）と業務の3本柱（計画・実行・評価）

4 「需要」と「供給」の情報がSCMを動かす ------------------------- 20
　サプライチェーンの川上と川下に向かって流れる

5 SCMの形態は業種・会社によってちがっている ------------------- 22
　誰に、何を、どう届けるのかで決まる

6 SCMの評価が高いと企業の評価も高い --------------------------- 24
　顧客も投資家もマネジメントレベルを注視している

7 SCMで会社が変わった①　在庫を減らして売上げを拡大する -------- 26
　SCMモデルが会社の収益性を劇的に変える

8 SCMで会社が変わった②　リードタイム短縮 -------------------------- 28
　迅速に市場動向に対応できる体制に

9 SCMで会社が変わった③　キャッシュフローを増大させる -------------- 30
　サプライチェーンを意識して製品を企画・設計

10 SCMで会社が変わった④　社内・社外のコミュニケーション向上 ---------- 32
　反目する「営業」と「工場」を一枚岩にしたＳＣＭの威力

11 SCMで会社が変わった⑤　スピード経営の実現 ............................... 34
　　需要予測、調達、物流を大改革

12 SCMで会社が変わった⑥　ビジネスモデルを進化させる ..................... 36
　　旧態依然の業界でも売上増と在庫減を実現

　column　あらためて、SCMのコンセプトに関する思い込みを正す ............ 38


## 第2章
# 物流は競争力を生むインフラ

1 きめ細かい在庫配置方針の必要性 ..................................... 40
　　在庫を減らし、顧客満足をアップする在庫拠点の持ち方

2 層別配置方針の詳細化 ............................................. 42
　　最小在庫で最大の品ぞろえを実現する

3 プッシュで配備、プルで補充 ......................................... 44
　　SCMといえばプル型というのは短絡的

4 配送スピードアップへの対応 ......................................... 46
　　CS（顧客満足）をとことん上げるために

5 何でも多頻度化する必要はない ....................................... 48
　　収益に見合ったコスト負担で

6 締め時間で差別化する ............................................. 50
　　作業改善などの余地はないか

7 最適な輸送形態を選択するには ....................................... 52
　　在庫と同様、顧客と取扱い製品の層別分類で検討する

8 自社物流にこだわる必要はない ....................................... 54
　　サード・パーティー・ロジスティクスも視野に入れる

9 コストとサービスの両立に向けて ..................................... 56
　　物流業務はSCMの足腰。鍛え続けて競争に勝つ

　column　物流が足かせになりつつある日本市場への対応 ..................... 58

### 第3章

# SCMは販売計画からスタートする

1 SCMでもっとも重要な計画業務 ----------------------------------- 60
　販売、需給、生産、調達の各計画が連鎖する

2 すべては販売計画からはじまる ------------------------------------- 62
　SCMの基本は個人商店の考え方と変わらない

3 需要予測にはさまざまな方法がある ------------------------------- 64
　予測がはずれたときの対処法を考えておくことが大切

4 滅多に出荷がない「間歇需要品」への対応 ------------------- 66
　統計予測に頼らず、会社の方針を明らかにする

5 キャンペーン計画などの「意思入れ」の方法 ----------------- 68
　特殊な需要による実績は除いて管理する

6 OEM先からの発注の取扱い ----------------------------------------- 70
　確定受注を自社の生産計画と同居させる意味

7 適切な納期回答が売上げを伸ばす ------------------------------- 72
　在庫の有無にかかわらず、社内ルールは定めておく

8 セールスパイプライン管理とSCMの連携 ----------------------- 74
　商談プロセスの進捗をSCMと同期させる


### 第4章

# とても重要な需給計画

1 需給計画とはそもそも何か ------------------------------------------ 78
　生産、調達、販売の「扇のかなめ」

2 PSI計画が決定する需給計画 --------------------------------------- 80
　生販在、仕販在の拠点を「見える化」してコントロール

3 需給計画は在庫コントロールの司令塔 --------------------------- 82
　計画立案担当者には重い責任と大きな権限を持たせる

4 在庫管理の理論に引きずられない --------------------------------- 84
　SCMは前後の業務との連携なくして語れない

5 需給計画で見るべき制約条件とは ---------------------------------------------- 86
　物理的、時間的にネックとなるものなどが存在する

6 配分問題はマネジメント層が判断する ----------------------------------- 88
　限られた在庫をどこに配るか

7 需給計画をS&OP計画に進化させる効果 ------------------------ 90
　生販（需給）の統合管理により企業収益は劇的に向上する

## 第5章
# SCMをスムーズに進める生産計画

1 生産計画、MRP、製造指図の関係 ------------------------------------- 94
　ステップごとの制約条件には注意が必要

2 制約条件を踏まえた生産計画 -------------------------------------------- 96
　品目・設備・拠点の「特性」への配慮が欠かせない

3 特性に合ったMRP、製造指図が必要 --------------------------- 98
　制約条件に注意してマネジメント層が判断する

4 小日程計画の位置づけ ------------------------------------------------------ 100
　実際に"製造できる"計画を立てることが必要

5 工場の在庫はステータス管理を ------------------------------------- 102
　計画の精緻化だけでは処理できない問題がある

6 現場改善と在庫把握の関係 ---------------------------------------------- 104
　現品と同様に未来の在庫までを管理する

　column　IoTによる効率化とビジネスモデルの変革 ----------------------- 106

## 第6章
# 調達計画とサプライヤー

1 調達計画がQCDの鍵を握っている -------------------------------- 108
　サプライヤーとの連携が必要不可欠

2 制約となる部材の調達計画 ---------------------------------------------- 110
　部材のコントロールは最重要課題の1つ

3 調達計画をどうやって見直す？ ━━━━━━━━━━━━━━━━━━ 112
　　経営者同士が決めた「枠」の調整方法

4 納期遅れを防止する ━━━━━━━━━━━━━━━━━━━━━━━━ 114
　　売り逃がしよりもコワイ信用問題

5 JITとVMIのメリット・デメリット ━━━━━━━━━━━━━━━━ 116
　　在庫を抱えるリスクが減るのは誰か

6 部材在庫が残るリスクをどう分担する？ ━━━━━━━━━━━━ 118
　　サプライヤーにのみ負担がかかってはSCMが成り立たない

　　column　"天産品"や天然資源などの調達制約と市況価格変動への対応 ━━━━ 120

## 第7章
# 実行業務のスピードが競争優位を生み出す

1 受注−出荷のスピードアップ ━━━━━━━━━━━━━━━━━━━ 122
　　業務プロセスの改善、標準化、自動化などの方法がある

2 優先出荷のルール化でさらにスピードアップ ━━━━━━━━━━ 126
　　機械的な判断をすることでムダな作業を省ける

3 在庫補充のスピードと精度の上げ方 ━━━━━━━━━━━━━━━ 128
　　バッファとなる在庫拠点の配置と発注点方式を活用

4 輸送の多頻度化をどこまですすめるか ━━━━━━━━━━━━━ 130
　　コスト増とサービスアップという背反を解消

5 物流トラッキングの活用 ━━━━━━━━━━━━━━━━━━━━━ 132
　　宅配業界以外では、業務ルールや伝票コードの統一が課題

6 なぜトレーサビリティが求められる？ ━━━━━━━━━━━━━ 134
　　トレースバック、トレースフォワードで原因に遡る

7 調達物流の改革に着手すべし ━━━━━━━━━━━━━━━━━━ 136
　　可視化によりリードタイム短縮とコストダウンが可能

## 第8章

# 拡大するSCM領域に先手を打つために

1 SCM管理指標はさらなる進化を促す誘導装置 ------------------------------ 140
　改善余地を発見し、よりよいSCMにするドライバー

2 バランスド・スコアカードの応用 ------------------------------------------- 142
　"4つの視点"を管理指標のフレームワークに使う

3 SCM管理指標の導入方法 ----------------------------------------------------- 144
　ビジネスのあるべき姿に沿った結果指標と先行指標を選ぶ

4 SCM管理指標の「見える化」 ------------------------------------------------- 148
　シンプルなシステムで十分に対応することができる

5 新製品立上げと終売計画のルール ------------------------------------------- 150
　ライフサイクルを視野に入れたSCM

6 商品企画・開発とSCMの連携 ----------------------------------------------- 152
　会社の枠を超えることで得られるメリットがある

7 顧客購買ライフサイクル管理 ----------------------------------------------- 154
　製品の購入段階から顧客情報を積み上げる

8 サービスパーツロジスティクスとは ----------------------------------------- 156
　補修部品のSCMが競争優位と収益を生み出す原動力

9 グローバルSCMを実現するために ----------------------------------------- 158
　連結経営マネジメントには海外拠点の協力が必要

　　column　SCMとプロダクトマネジメント ---------------------------------- 160


## 第9章

# SCMの過去と将来の課題

1 海外パッケージは本当に使われているのか --------------------------------- 162
　システム主導で強引に導入したケースでは失敗している

2 コミュニケーション型の安価なシステムへ ------------------------------------- 164
　ロジックよりも大切なのは、誰にでもわかりやすいこと

3 「SCMシステムによる自動化」は幻想か ----------------------------------- 166
　機械的な意思決定が難しいだけに、ベテランの負う役割は大きい

4 サプライチェーンの「見える化」とは ・・・・・・・・・・・・・・・・・・・・・・・・・・・・・・・・・・・ 168
　需要情報と供給情報の現状と将来をコントロールする

5 ERPとSCMの関係 ・・・・・・・・・・・・・・・・・・・・・・・・・・・・・・・・・・・・・・・・・・・・・・・・・・・ 170
　業務実行系と計画系で相互に機能を補完する

6 アジア各国の計画・実績の「見える化」 ・・・・・・・・・・・・・・・・・・・・・・・・・・・・ 172
　生産拠点、販売拠点として成長著しい地域とのSCM連携

7 「PSIの見える化」は日本の強み ・・・・・・・・・・・・・・・・・・・・・・・・・・・・・・・・・・・ 174
　天才による自動化計画ではなく、実績に照らした意思決定を！

8 セールスパイプラインを可視化する効果 ・・・・・・・・・・・・・・・・・・・・・・・・・・ 176
　商談プロセス管理とSCMの連携によって企業収益が向上する

9 IoTの進展によるSCMへの影響 ・・・・・・・・・・・・・・・・・・・・・・・・・・・・・・・・・・・ 179
　実績収集の高速化とアフターサービス領域の囲い込みが可能に

10 ロボティック・プロセス・オートメーションとAIの導入 ・・・・・・・・・・・ 182
　ITの進展と人件費高騰・人員不足がロボット化を促す

## 第10章
# より強力なSCMのための「紐」解きと「編み上げ」

1 SCMの「紐」解きとは ・・・・・・・・・・・・・・・・・・・・・・・・・・・・・・・・・・・・・・・・・・・・・・・ 186
　千差万別のマネジメントのあり方を見極める

2 解くべき「紐」① 製品階層の特徴 ・・・・・・・・・・・・・・・・・・・・・・・・・・・・・・・・・・・ 188
　製品のどの階層を切って、どこで意思決定すべきか

3 解くべき「紐」② 拠点・組織階層の特徴 ・・・・・・・・・・・・・・・・・・・・・・・・・・・ 190
　全国一律か、担当者1人ひとりで計画するのか

4 解くべき「紐」③ 時間単位（バケット）と対象期間 ・・・・・・・・・・・・・・・・ 192
　単位は月か、週か、それとも日なのか

5 解くべき「紐」④ 計画ローリングのルール ・・・・・・・・・・・・・・・・・・・・・・・・ 194
　時間軸の「紐」である対象期間との関連で解く

6 解くべき「紐」⑤ 制約条件の特定 ・・・・・・・・・・・・・・・・・・・・・・・・・・・・・・・・・・ 196
　物理的なもの、時間的なもの、社の方針などさまざま

7 解くべき「紐」⑥ 基準在庫計算の考え方 ・・・・・・・・・・・・・・・・・・・・・・・・・・ 198
　統計的な対応（演繹法）と実践的な対応（帰納法）がある

8 解くべき「紐」⑦　需要予測単位の組み合わせ ------------------------------- 200
　　要素が交錯するので最適なものを見つけるのは大変

column　SCMと人工知能 ------------------------------------------------------ 202

## 第11章
# SCM構築手順のポイントを理解する

1 SCMを成功に導くための6つのステップ -------------------------------- 204
　　失敗要因を省みると成功のポイントが見えてくる

2 SCM構築・成功のステップ①　戦略方針を必ず確認する ------------------------ 206
　　いきなり業務設計、システム導入してはいけない

3 SCM構築・成功のステップ②　サプライチェーンをモデル化する ----------- 208
　　戦略方針に基づいてビジネスモデルを展開してみる

4 SCM構築・成功のステップ③　業務フローの「見える化」、ルールの明確化 ----- 210
　　時間軸と組織をきちんと描きこむ

5 SCM構築・成功のステップ④　業務部門が業務設計にコミットする -------- 212
　　システム部門ではなく、業務部門がSCMの主役

6 SCM構築・成功のステップ⑤　自社のモデルと業務に合ったシステムを選ぶ ----- 214
　　これからは"コミュニケーション型"のシステムが求められる

7 SCM構築・成功のステップ⑥　システム側も業務側もエースを投入する ----- 216
　　SCMは"会社の収益性を決定する重要な仕組み"と認識すべし

column　SCMには部門を超えた経営的な視点が必須 ------------------------- 218

索引　219

◎本文組版／ダーツ

※本文中では©、®、TMを省略していますが、本書に記載されている社名、製品名、商品
　名などは各社の商標または登録商標です。

第 **1** 章

# SCMで何が実現するのか

# 1

## 組織・会社の壁を取り払う

原材料から顧客までの効率的な供給のチェーンを構築する

### ◇ 作れば売れる時代の終わり

高度経済成長期には、作れば売れる時代が続きました。工場はとにかく製品を作って、倉庫に納め、営業が製品を売りさばくことが当たり前だったのです。しかし、一通りのモノが行き渡ると、作れば売れる時代ではなくなりました。

顧客の選択肢も広がって、手に入らなければ他の会社のモノを買うことが当然になり、きちんと製品を供給できない会社の経営は厳しくなりました。その反面、顧客は気まぐれになり、あっという間に飽きて買わなくなったりします。すると、今度は在庫が余って処分に困る状態になります。

作れば売れる時代は終わり、「必要なものを、必要な場所に、必要なときに、必要な量だけ」供給し、その反対に、必要でなくなったときには供給も生産も調達も止めて、ムダな在庫を持たずに済むようにマネジメントする必要性が出てきました。

### ◇ SCMの登場 ── 組織、会社の枠組みを超えた連携

顧客の変化に直面したアパレルや消費財メーカー、小売業は苦境を乗り切るために、組織、会社を超えた連携をはじめました。小売業は店舗の在庫や実売情報をアパレルや消費財メーカーに開示し、迅速な補充と在庫管理を可能にしたのです。これがアメリカではじめられた**QR**（Quick Response）、**ECR**（Efficient Consumer Response）と呼ばれた取り組みです。

組織、会社の枠組みを超えた業務連携ができたことで、商品をタイムリーに補充して売逃しを回避したり、売れている場所に在庫を動かして売れ残りを最小化したりすることが可能になりました。それまでは、欠品したらそのままだったり、すでに顧客が競合品を買ったあとに補充されたり、

14

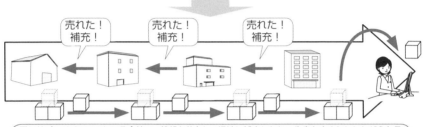

　売れ残りは店の棚から撤去されるまで棚ざらしだったり、酷い状況だったのです。ビジネスのやり方、供給マネジメントのやり方が大きく変わったのです。

　このQR、ECRが発展して**SCM**（Supply Chain Management＝**サプライチェーンマネジメント**）と呼ばれるようになりました。サプライチェーンとは供給の連鎖のことです。この供給の連鎖を効率的にマネジメントすることがSCMです。

　効率的にという意味は、「必要なものを、必要な場所に、必要なときに、必要な量だけ」供給することを実現することです。そのために、サプライチェーンに存在する組織や会社の枠組みを超えて情報を共有し、業務を連携させることを目指すのです。

　組織や会社の枠組みを超えて情報を共有し、業務を連携させることは、実は日本の製造業の一部で普通に行われていました。自動車産業などがその例です。しかし、こうした考え方が流通・小売業も巻き込んで、全産業に行き渡ったのは、SCMという概念が登場したからこそなのです。

# 1
## 2 「ムダをなくして儲け続ける」ことがSCMの目的

### 販売実績を積み上げ、在庫管理を徹底させる

#### ◆SCMが儲けを生み出す

　顧客のニーズに応え、商品を適切に供給して売上げを伸ばし、かつ、在庫が余るリスクを最小化することで、儲けを生み出すことがSCMの目的です。競争も顧客の要求も厳しくなるなかで、常に儲けを生み出すには、作り手主導、売り手主導の、顧客軽視の業務は許されなくなってきています。

　SCMでは、いかに適切に顧客に商品を届けるかが勝負です。どの商品が売れているのか、いつ追加補充が必要かを判断し、すばやく供給することで顧客を逃がさないようにするのです。幸い情報システムが発展したので、販売の実績や在庫をとらえ、補充の指示をかけることは容易になりました。**補充指示をかけてすぐに納品される体制**が、まずは不可欠なSCMの仕組みです。

　しかし、補充用の**在庫をいかに適切に**、**事前に用意するか**が今度は重要な鍵になります。なぜならば、発注して即生産できることは稀だからです。生産には、それなりの時間がかかります。その時間を考慮して、事前に生産するなり、発注をかけておくなりして、急な補充要求に応えられるようにしなければなりません。

　補充がスムーズに行われ、補充に使う在庫が、適切に、事前に用意できるSCMの仕組みが構築できれば、「必要なものを、必要な場所に、必要なときに、必要な量だけ」供給でき、儲けを手にできるのです。

　しかし、そのために大量の在庫を持つことは、今度は売れ残りや滞留、陳腐化の危険につながります。SCMでは、**在庫のムダをいかになくしていくか**が、大きなテーマなのです。在庫をコントロールすることでムダをなくし、さらに儲けを生み出すのです。

16

**◀SCMの目的を達成するために▶**

SCMの目的は
「ムダをなくして儲け続ける」こと

具体的には…

顧客のニーズに応え、商品を適切に供給して売上げを伸ばし、かつ、在庫が余るリスクを最小化する

そのためには…

- どの商品が売れているのか、いつ追加補充が必要かを判断し、すばやく供給する
- 補充用の在庫を適切に、事前に用意する
- 補充用に事前に用意するときに、在庫が余らないように丹念に計画する

## ◇ SCMが儲けを生み出すための仕組みとは

　こうした厳しい時代に対応して、ビジネスを構築したのがコンビニです。コンビニでは、商品の販売実績を蓄積し、在庫管理を徹底して顧客のニーズに応え、在庫が余るリスクを最小化して収益性を高めています。

　一方、昔ながらの小売業はコンビニには対抗できませんでした。24時間営業という点でも、また、何よりも品ぞろえの点で負けたのです。コンビニにはほしいものがたいてい売られています。また、狭い店舗ですが、最小限の在庫で、多くの品目をそろえています。これは、売れた実績をきちんと把握して品ぞろえしたからですし、売れないものはそもそも在庫しないこととしたためです。

　そうしたきめ細かい管理を支えるのが、販売実績の蓄積と、実績を分析した在庫の計画と発注のきめ細かさ、お店への送品の多頻度化などの仕組みです。コンビニでは、サプライチェーンをマネジメントするための仕組みが整えられていたのです。

# 3 SCMを支える仕組み

土台（物流）と業務の3本柱（計画・実行・評価）

## ◇ SCMの土台となる物流

SCMのもっとも基本的な仕組みは**物流**です。SCMのインフラとも土台ともいえますが、商品配送、倉庫保管、入出庫などの機能です。

物流の選択と組み合わせの仕方はたくさんあります。倉庫はどこに置くのか、配送は日に何回行うのか、倉庫やトラック、作業者は自社持ちか委託か、海外には空輸するのか船で運ぶのかなど、その選択と組み合わせがうまくできていれば、SCMは競争力を生み出し、儲けにつながっていくのです。

## ◇ 会社の収益をコントロールする"計画"の仕組み

計画は、SCMにおいてもっとも重要な機能です。長期に考えると戦略や長期計画があり、3年くらいの中期で考えれば中期計画、短期では年度計画、月次計画、週次計画があります。SCMにおいては、計画の良し悪しが会社の売上可能額と経費の額を決めてしまうのです。

たとえば、長期計画で、設備の導入が決まると設備生産能力も決まります。年度計画での部品の購入計画がサプライヤーと合意されれば、部品の仕入数が決まり、その部品を使った製品の数量も制約されてきます。月次計画で工場の作業者の勤務シフトが決まると、組立能力が決まったりします。販売計画が決まれば、必要在庫計画が決まり、事前に商品在庫が準備されます。このように、計画によって事前に準備された制約が収益を左右していきます。

## ◇ 競争優位を生み出す"実行"の仕組み

SCMでは**スピード**が命です。同じような商品が売られているとして、注文して3日で届く会社と10日で届く会社のどちらから買うでしょうか？

18

**◀SCMの構成▶**

SCMの意思決定業務 ／ SCMの実践業務で、顧客からの評価の源泉 ／ 改善余地を発見し、よりよいSCMにするドライバー

| 会社の収益をコントロールする指令塔 | 競争優位を生み出す実践力 | さらなる進化を促す誘導装置 |
|---|---|---|
| 時間軸での分類　業務機能での分類 | 受注　生産指示　発注<br>出荷　生産　納品受入<br>納品　検品　検品 | 管理指標<br>目標管理<br>評価制度 |
| 戦略・長期計画　販売計画<br>中期計画　需給計画<br>年度計画　生産計画<br>月次計画　調達計画<br>週次計画 | 補充　在庫管理　債権債務管理 | |
| 1本目の柱：計画 | 2本目の柱：実行 | 3本目の柱：評価 |

工場配置　倉庫配置　輸送ネットワーク　輸送頻度　輸送モード（空輸・海運）

SCMのインフラ ／ SCMの土台：物流

もちろん、早く届けてくれるほうからです。一般的にいって、顧客は製品を購入したらできるだけ早く使いたいはずです。注文して早く届けば、それだけすぐ売ったり、使ったりできます。すぐ届くのであれば、大量に在庫を「備蓄」しなくても済みます。注文して早く届いたほうが、収益に貢献してくれるのです。

つまり、「受注」「出荷」「納品」というモノが動く業務を支える仕組みの良し悪しが競争力に大きく影響するのです。

## ◇SCMをさらに進化させる"評価"の仕組み

SCMの業務を行うにあたって、立案された計画と実行の結果がどれほどの品質を持って行われたのかを評価する仕組みがあれば、結果に基づいてさらに自社のSCMを進化させることができます。予測の精度は高かったか、欠品率は低かったか、在庫は低く抑えられたか、配送にかかる時間や工場の生産にかかる時間は縮まったか、サプライヤーの納期遵守は高まったかなどを仕組みで確認し、改善していくのです。

# 4 「需要」と「供給」の情報が SCMを動かす

### サプライチェーンの川上と川下に向かって流れる

## ◇需要情報は川上へ

SCMの仕組みを動かすには、情報が必要です。情報は、あたかも人間の体を動かすために神経の中を走る電流のようなものです。人間の各器官が動くように、SCMも**需要情報**と**供給情報**によって動き出します。

需要情報には、実績としての情報と計画上の情報、そして実需があります。まず、実績としての需要情報は、受注実績、または出荷実績、売上実績です。需要実績としての受注実績、または出荷実績、売上実績は過去の情報です。これらの情報は、計画立案時に、需要予測をしたり、販売計画を立てたりするときのインプット情報、参考情報になります。

一方、計画上の需要情報とは、需要予測であったり、販売計画であったり、キャンペーン計画だったりします。見込みで生産や調達をする場合、この計画上の需要情報で実行指示が出されます。したがって、計画上の需要情報が、まさにSCMのモノの流れを動かしているのです。

実需は、顧客の注文です。計画上の需要情報は主に社内の情報ですが、実需は顧客からくる情報で、顧客側に製・商品の引き取り責任が生じます。実需も、SCMのモノの流れを動かす重要な情報になります。

## ◇供給情報は川下へ

需要情報とは逆の流れで、供給情報があります。供給情報も、実績と計画に関係する2種類あります。実績の情報としては、供給実績としての入庫実績、在庫があります。計画上の供給情報としては、入庫予定や納期情報があります。実需に対応する供給情報は納期回答です。納期回答は、製・商品出荷後、顧客に到着するまでの進捗が確認され、納期進捗情報、物流トラッキング（追跡）情報になります。これらを物流進捗情報といいます。

20

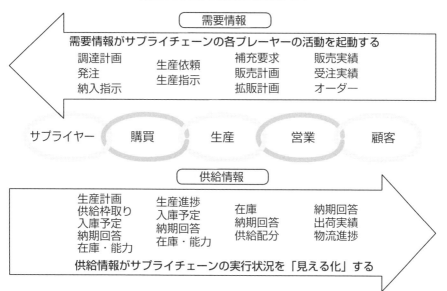

　供給実績としての入庫実績は在庫として計上され、受注時の引き当て、出荷の対象になります。また、計画上の需要を立案するときのベースになります。在庫を見て、足りない分を生産計画、調達計画として立案するからです。

　入庫予定や納期情報は、計画上の需要情報に対する「返し」の情報です。営業から100個の生産計画要求があって、工場が100個作れる生産計画を立てれば、100個が入庫予定になります。需要情報と供給情報を比べて供給数が少ない場合、生産計画を前倒しできないかなどの協議がはじまります。工場が長期で止まる場合は、需要情報より多い供給をしてよいかという逆の協議も行われます。工場が止まっている間の需要に対応するために、先行で生産する意思決定をするためです。

　納期回答は実需に対して、対応できるかどうかの「返し」の情報です。需要情報に対して、供給が足りない場合は、受注残として管理され、遅れて分納する回答をしたりします。

# 1

## 5 SCMの形態は業種・会社によってちがっている

### 誰に、何を、どう届けるのかで決まる

#### ◇ビジネスモデルがSCMの形を決める

業種・会社によってSCMの形は異なります。そもそも物理的な制約があって決まってしまう部分もありますが、会社をマネジメントする側の人間の考え方でほとんどの部分が決まります。

顧客は最終消費者か、流通・小売業か、受注後組み立てて出すのか、完成在庫から即届けるのか、受注後に設計をして生産するのか、直送か、店舗で手渡しか、船で運ぶか、飛行機で運ぶかなどさまざまな組み合わせが考えられます。こうした、ビジネスの選択をビジネスモデルの選択とすると、これによってSCMの形態、SCMモデルが決まってくるといえます。

たとえば、通常の重機・建機メーカーは、完成品を代理店で販売しています。見込み生産によって完成品を在庫し、引取り渡しや代理店の配送などによって届けます。

一方、ある重機・建機メーカーは、一部の製品で完成品在庫を持たずに、受注後に組み立て、顧客に直送するビジネスモデルを構築しました。

ビジネスモデルがちがうと、SCMの形態が変わります。まず、在庫の形態が相違します。通常の重機・建機メーカーは完成品で在庫します。在庫場所は代理店の店舗、倉庫、自社の倉庫などです。計画情報で完成品を生産し、メーカーは受注で代理店に出荷します。

それに対して、受注組立てにビジネスモデルを変えたメーカーは部品で在庫し、顧客の注文で組み立てて直送します。計画情報で部品が用意され、受注後即、組み立てる短いリードタイムでの出荷ができるので、競合に対してもひけをとりません。長い間、製品在庫を持った状態で待つ必要がなくなったのです。

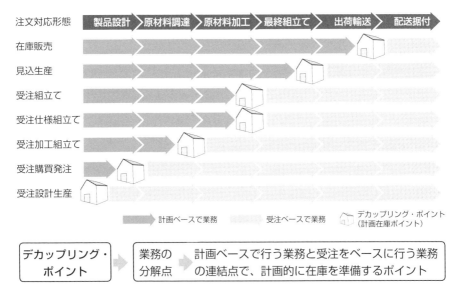

## ◇デカップリング・ポイントという概念

　SCMを考えるにあたっては、**デカップリング・ポイント**という概念を知っておいてください。簡単に言うと、「受注に対する在庫の構え場所」のことです。出荷の仕様が確定するポイントでもあります。出荷の仕様とは、特定の顧客が納品を望む形態で、請求の元になる形態です。

　通常の重機・建機メーカーでは、受注を受けて出荷する完成品の製品在庫倉庫がデカップリング・ポイントです。需要予測に基づき見込みで生産し、代理店からの受注で出荷します。受注組立てにビジネスモデルを変えたメーカーは、エンジンやローラー、本体などを部品で在庫していますので、部品在庫がデカップリング・ポイントです。

　重機・建機のようにライフサイクルが長い製品は、長く最終製品の形で在庫するので資金繰りが圧迫され、売れ残りの影響が大きくなります。受注組立てにビジネスモデルを変えたメーカーは、受注に対して部品在庫で構えるデカップリング・ポイントを採用し、製品在庫で在庫している競合メーカーに対し、資金繰り上、優位性を築いたのです。

23

# SCMの評価が高いと企業の評価も高い

顧客も投資家もマネジメントレベルを注視している

## ◇SCMに対する顧客の期待

　SCMに対する顧客の期待は、「必要なものを、必要な場所に、必要なときに、必要な量だけ」供給してくれることです。

　顧客に提供される便益の質、サービスレベルが重要で、この場合の指標は納期遵守、注文して即出荷ができる指標である受注のヒット率、注文してから納品されるまでの時間の指標である納入リードタイムなどのレベルが高いことです。

　納期遵守率が高く約束を守る、受注ヒット率が高く欠品しない、納入リードタイムが短くすぐ納品してくれるなどとなると、非常に便益の質、サービスレベルが高いと評価されます。

　この評価を生み出すのはSCMモデルのデザインと業務の仕組みが優れているからです。

　たとえば、産業用機械の修理用補修部品の供給に関するある調査結果では、顧客の満足度は修理用補修部品が要求どおり納入されることと関係があることがわかりました。きちんと納入できない会社の評価は著しく低く、そういう会社は、「次の機械の買い替えのときには候補の対象からはずす」との報告内容になっていました。

　同様に、約束の納期どおりに供給できない会社で、取引停止の警告を受けた会社もありますし、納期回答ができないため、受注できない会社もあります。

　SCMのマネジメントレベルが低く、顧客に迷惑をかける会社の評価はとても低いことの証左です。顧客の要求するサービスレベルに達しない会社は、顧客から見放されてしまうおそれがあるのです。逆にレベルの高いSCMができれば、顧客の満足度を上げて、取引をどんどん増やせるのです。

◀︎優れたSCMとは▶︎

〈顧客にとって〉
- 納期遵守率が高く約束を守る
- 受注ヒット率が高く、欠品しない
- 納入リードタイムが短く、すぐ納品してくれる
  ⋮

⇒ 高い便益、サービスレベルを提供してくれることが重要

〈投資家にとって〉

**資産効率が高い**
- 在庫が少ない
- ムダな設備（生産設備、車両など）が少ない
- ムダな施設（倉庫など）が少ない
  ⋮

**コスト効率が高い**
- 製造原価が低い　・人件費が少ない
- 輸送費が少ない　・保管費が少ない
- 廃棄費用が少ない
  ⋮

⇒ 儲け続けることが重要

## ◇SCMに対する投資家の期待

　顧客の視点だけに集中すると、効率の視点が抜けるおそれがあります。会社にとっては在庫や業務のコストは重要な視点です。かけられる「ヒト、モノ、カネ」には制限があるからです。

　サプライチェーンが、少ない在庫と低いコストで効率的に運用されていて、かつ売上げを増やし、利益を生むことが会社や投資家にとっては重要なことなのです。ここから、いかに効率的なSCMを構築するかが重要なポイントになってきます。

　そのときの指標は、まず在庫金額、もしくは在庫月数（在庫金額÷売上金額）、在庫回転率（売上金額÷在庫金額）でしょう。在庫金額は売上げとの関係で増減します。売上げが高くなれば、そのために準備すべき在庫数も増え、逆に売上げが減少すれば、そのために準備すべき在庫数も減ります。したがって、単に在庫金額を見るよりも在庫月数、在庫回転率を見たほうがよいのです。

## SCMで会社が変わった①
# 在庫を減らして売上げを拡大する
### SCMモデルが会社の収益性を劇的に変える

### ◆ 在庫削減と売上増加を同時に実現するSCM

　精密機器メーカーのA社の例です。A社はある業務施設に機器を納入しているメーカーで、シェアトップ、市場の半分以上を押さえている会社です。業界では最大手ですが、改革に着手した当初、機器の販売は鈍化気味で、利益率も徐々に下がりはじめていました。

　一方で消耗品の市場は二桁成長を続け、利益率も高い状態でした。製品シェアで最大手のA社ですが、機器に集中するあまり、消耗品市場でのシェアはせいぜい３割止まりでした。

　機器の製品在庫も増加気味で、販売会社にある在庫を合わせると４か月分の販売数量に相当する在庫がありました。機器の在庫で資金が圧迫されるため、消耗品の仕入れを抑制せざるをえず、そのため即納を要求される消耗品市場で他社に大きく水を開けられているのでした。そこで、A社では、在庫削減と売上増加を同時に実現するSCMを目指すことにしました。

### ◆ 戦略の再確認とSCMモデルの見直し

　A社では、再度、事業戦略を見直しました。その結果、強い機器ビジネスでは、より顧客と密着して自社の強みを活かすこと、消耗品では、機器の強みを梃子に、即納体制を築いて市場シェアを高める戦略方針が確認されました。

　この方針に合わせて、早速自社のSCMモデルが見直されました。まず、機器を高級品と中・低級品に分類しました。顧客の要求仕様に合わせて改造する高級品は、設置日も決まっているので、製品在庫とせず、工場で、半製品状態で受注を取り、顧客の求める機能に変えて出荷することにしました。デカップリングポイントを変え、見込生産から受注組立生産へと変えたのです。これで、大幅に製品在庫を減らす一方で顧客満足度を高め、

**◀SCMを戦略レベルから見直し▶**

| | | |
|---|---|---|
| 強い機器では、より顧客と密着 | → | 工場に半製品状態で在庫し、受注後、顧客の指定機能に組み立てて出荷（受注組立生産） | → | ・顧客の要求にぴったり<br>・半製品化による製品在庫の激減<br>（在庫の上流化） |
| 競争の激しい機器では、即納体制を維持 | → | いままでどおり市場のそばに在庫（見込生産） | → | 他社への競争力維持 |
| 消耗品では、即納体制を築いて、市場を攻略 | → | 顧客のそばに在庫し、24時間以内に納品（在庫販売） | → | ・サービス向上による市場の攻略<br>・売上げの劇的な向上（在庫は増加） |

> **トータル在庫減と売上拡大の同時達成**

売上げを増やしました。

　中・低級品市場は競争が激しく、こちらは即納を要求されるので販社にセンター倉庫を設けて、そこに厚めに在庫することで、販社在庫の圧縮に努めました。センターに発注すれば、1日程度で入荷するので、販社も安心して在庫を減らせました。

　一方、消耗品の在庫は増やしました。顧客への即納体制が競争力になるので、販社や顧客の近くのデポ（小規模な拠点）にも在庫し、受注後遅くとも24時間以内に納入できるようにしたのです。在庫は増えましたが、おかげで大幅に売上げが増え、市場攻略に向けて現実感が出てきました。

## ◇SCMモデル変更による収益性の劇的な向上

　A社では、在庫が4か月分を超えていたのですが、製品をきめ細かく層別分類して、在庫配置を見直すことで、2.5か月分にまで減らしました。

　高級機と消耗品の売上げが増加したことによる利益への貢献が著しく、A社の収益性を大幅に高めました。在庫削減と売上増加の同時達成です。

# 1
# 8

SCMで会社が変わった②
## リードタイム短縮
**迅速に市場動向に対応できる体制に**

### ◆長いリードタイムが会社を危機に陥れた

　B社はある製造装置を作っているメーカーです。長年、精密機器を製造していたため、3か月先の出荷に向けた計画を、営業と工場が合意するという、のんびりとした作り方が続いていました。

　あるとき、年度末になって莫大な在庫が残り、社長が激怒し、原因を調べさせました。原因はすぐにわかりました。長い生産のリードタイムと予算の縛りです。

　B社では、この生産リードタイムが3か月です。

　営業は3か月先の製品の仕上がりを見込んで生産指示をしますが、その前提になっているのは、予算に基づく3か月先の販売計画です。なんといっても3か月先の話です。実際どうなるのかは、よくわかりません。

　そのうえ、B社では、予算必達の風潮が強く、販売計画の下方修正は許されませんでした。しかも、B社の製品は年度末に販売が集中するため、年度末に向かってどんどん在庫が積みあがっていきました。

　年度末が近くなって、販売が回復しないのが見えてきた段階で、生産をストップすればまだ傷は浅かったのですが、工場も予算必達で生産を続けた結果、誰も止めずに莫大な在庫が計上されました。売れない在庫を大量に抱え、B社の資金繰りは悪化しました。

### ◆リードタイム短縮による劇的な変化

　B社では、販売の状況を見て、早期に生産の下方修正や増産を指示できる体制の必要性が痛感されました。予算の達成が困難な場合、あるいは逆にもっと売れそうな場合でも、対応ができないことが原因です。3か月も先の販売計画に基づいて作っていては、対応が遅れます。生産のリードタイムを短縮し、もっと短い期間で作れるようにすることで、直近の販売動

28

**◀ リードタイムの短縮 ▶**

| 計画単位の細分化 | → | 月1本の計画数字を週ごとに分割 | → | 見直し単位が詳細化してすばやい対応ができる |
| 計画業務の短サイクル化 | → | 月1回の計画を毎週立案 | → | 見直しサイクルが早まり、異常に早く気がついてアクションが迅速化 |
| 生産確定指示期間の引き付け | → | 3か月先の生産指示を4週先の生産指示に | → | 販売実績を勘案し生産のアクセル・ブレーキが効くようになった |

**迅速な対応による
在庫減と販売増**

向の反映を可能にしようと考えました。

　まず、月の単位で生産指示をかけるのをやめることにしました。月単位では、途中で変更しにくいからです。そこで、週の単位で生産指示をかけることにしました。工場は大変ですが、これで生産数を上げたり、下げたりできるようになります。

　週単位で生産指示ができれば、あとは指示する週の決定です。生産の仕方も、小さい単位で、できれば1台単位で製造できるように、大幅な生産革新活動を行い、5週先の販売に活かすように、4週先の生産指示をかけるようになりました。すると、生産のリードタイムは従来の3分の1に短縮されたのです。

　効果は劇的でした。B社では、なんと在庫は半分以下になり、タイムリーな製品供給で販売も増えました。資金繰りが回復し、市場への対応力も増したのです。SCM改革によるリードタイム短縮の威力です。

# 1
# 9

SCMで会社が変わった③
## キャッシュフローを増大させる
サプライチェーンを意識して製品を企画・設計

### ◇ 長年のやり方による危機

C社は消費者向けの家電を作っているメーカーです。シックなデザインと他社とは少し性能差がある製品を作ることで、けっこう人気のある会社でした。消費者のニーズをとらえて、C社の出した商品は大ヒットしました。

C社は、一時、時代の寵児のようにいわれましたが、あっという間に他社が追いついてきました。しかも、高価な専用部品ではなく、安価な汎用部品でC社と同じような機能を実現したのです。その分、家電製品の値段も安くなりました。

それでも、C社は過去、技術革新型の製品で成功した経験が邪魔をして、相変わらず専用部品にこだわりました。市場の競争は激しくなり、次から次へと新製品が出ましたが、専用部品は調達に時間がかかり、タイムリーに製品を市場投入できないC社はだんだんと市場から置いてきぼりを食うようになりました。

残ったのは、売れない製品と、使い道のない専用部品の山です。サプライヤーの余った分の買い取りも要求され、C社では急速に資金繰りが悪化して、金融機関の支援を受ける状況になってしまったのです。

### ◇ 設計を変え、調達を変え、生産を変える

C社では、とにかくキャッシュを生み出す方策が検討されました。SCMプロジェクトを立ち上げ、打ち手として、設計方針の変革、調達の変革、生産の変革が待ったなしで行われました。

設計方針の変革がSCMの打ち手に入っていることに違和感を覚えるかもしれませんが、これは当然のことなのです。製品の企画、設計段階から、どのような部品を使うか、どう生産するかが決まってくるのですか

30

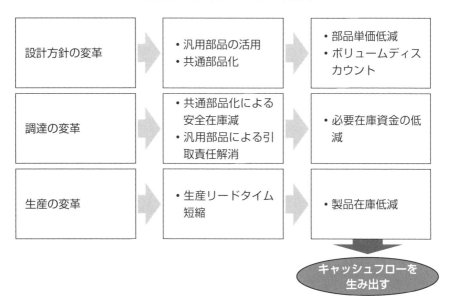

ら、設計は重要な責任を担っているのです。

　設計で検討されたことは、汎用部品の活用と共通部品化です。汎用部品でも専用部品と同等の機能が実現できるように設計しました。このおかげで、部品単価が下がり、また、どの機種にも使える共通部品を増やしたことで、部品調達時にボリュームディスカウントが効くようになりました。これで大幅にコストダウンできます。

　調達の改革では、部品購入方法が変えられました。まず、共通部品が増えたことで、部品の安全在庫を減らし、部品在庫を低減することができました。汎用部品が多くなったために、最後に引き取る必要もなくなりました。

　最大の効果は、調達のリードタイムが短縮し、市場への新製品投入がスピーディーになったことです。これで、大量の売上増となりました。

　生産方式も変えました。生産のリードタイムを短縮し、4週間先の計画確定にしたことで、製品の滞留も少なくなったのです。

# 1
## 10
### SCMで会社が変わった④
# 社内・社外のコミュニケーション向上
#### 反目する「営業」と「工場」を一枚岩にしたSCMの威力

## ◆ 沈みつつある船の上でいがみ合う、「営業」と「工場」

　D社は消費者向け製品の包装材料を製造する会社です。コンビニエンスストアの登場で、一気に市場を拡大できたため、会社の規模も大きくなりました。D社は、納入先の工場が市場近くに分散しているため、最終製品を作る工場を各地域に建設していきました。ただし、最終製品工場に材料を供給する工場は大規模になるため、全国で1か所にしました。

　D社の強みは、包装資材の美しさです。材料工場できれいに印刷し、最終製品工場で納入形態に加工して出荷します。このため、生産のリードタイムが長くなりますが、製品の美しさで勝負に出ました。

　また、D社では時代の流れにのって、基幹システムを当時流行していた有名なパッケージシステムに変えました。ところが、でき上がったシステムは、使いにくいものでした。入力に手間がかかるため、営業は販売計画や受注、生産指示を入力しなくなりました。生産指示はメールやFAXでの指示になり、担当者間の都度調整が常態化し、業務がブラックボックス化しました。工場間も電話とメール、FAXでやりとりします。材料がいつできるかもわかりません。

　やがて、コンビニでも製品の美しさよりもスピーディーな納品が要求されるようになりました。ところが、D社では顧客企業の納期確認に応えられません。電話、メール、FAXのバケツリレーで状況が見えず、もたついている間に競合に負けてしまうのです。営業と工場はお互いになじりあって、恒常的に険悪な関係になりました。

## ◆ サプライチェーンを「見える化」し、コミュニケーション向上

　そもそも、D社では需要情報と供給情報という、サプライチェーンを動かす2つの情報がまったく見えないのです。誰も状況がわからないため、

32

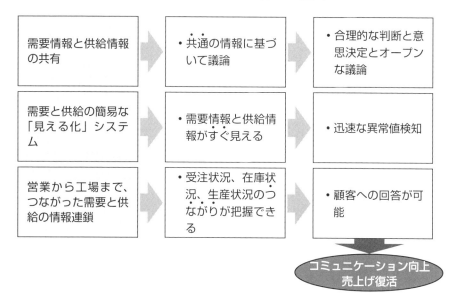

都度調整、結果的に声の大きい担当者の意見が通っていました。会社としての顧客戦略や製品戦略など、この過程で雲散霧消してしまい、緊急対応の連続で高コスト化、在庫滞留、担当者疲弊を生んでいたのです。

しかし、営業と工場でなじりあってもなにも解決しません。そこでD社では、SCMを再構築することにしました。

まず、単純な需要と供給のつながりが見える「見える化」システムが作られました。在庫はシステムから転送され、ここに販売計画、受注、生産指示数を入力し、工場はこれを見て生産計画を入力するのです。

需要情報と供給情報が共通の土台で見えるようになりました。D社の営業から工場まで、販売から材料までつながった需要と供給の情報連鎖ができ上がり、会社に一本の背骨が通ったわけです。

営業と工場のコミュニケーションの質が劇的に上がり、D社では、納期回答もできるようになり、受注も大幅に取り戻しはじめました。

# 11

## SCMで会社が変わった⑤
## スピード経営の実現

### 需要予測、調達、物流を大改革

◇スピード、スピード、スピード

　E社は製造装置メーカーです。納入先は半導体を製造している会社で、24時間稼動しています。半導体業界は装置産業で、設備を動すほど儲かる業界です。したがって、納入された製造装置が故障でもしようものなら、緊急で修理しないといけません。

　ところが、E社は、故障時の修理用部品の供給に問題を抱えていました。故障後24時間以内に修理完了を要求されているにもかかわらず、実際は無理なことが多く、顧客からはクレームの嵐です。「この状況が続くなら、取引を中止する」という最後通告が、最大手の顧客から届く始末です。

　修理用部品の供給がうまくいかなかった原因は3つありました。1つは部品在庫の品ぞろえです。その部品を在庫すべきかどうかの判断は、担当者の勘と経験に任されていたため、予測がはずれることが多くなったのです。ベテラン社員の退職による影響もありました。2つ目は、サプライヤーの納期遵守が悪く、出荷が滞ることでした。3つ目は、物流の問題です。物流子会社が緊急の事情を無視して、出荷指示をしても、出荷まで数日かかったのです。

◇「24時間で修理できるように、修理用部品を届けます！」

　修理用補修部品のSCMのスピードを上げないとE社は生き残れないところまで追い詰められました。上記の3つの問題を解決すべく、E社ではSCM改革がスタートしました。

　E社は、まずスローガンを掲げました。「24時間で修理できるように、修理用部品を届けます！」という刺激的な内容です。

　需要予測にはシステムを導入しました。在庫と発注量の計算も自動化し

34

**◀修理用部品の供給スピードアップ▶**

| 品ぞろえの改革 | → | ・需要予測システム<br>　導入<br>・在庫の層別配置 | → | ・在庫配置の最適化<br>・欠品の解消 |
| --- | --- | --- | --- | --- |
| 調達の改革 | → | ・サプライヤーとの<br>　情報共有<br>・納期遵守率の公開 | → | ・事前準備による納<br>　期遵守改善<br>・サプライヤーの自<br>　主的な改善 |
| 物流の改革 | → | ・物流専門会社に倉<br>　庫業務と輸送業務<br>　をアウトソーシン<br>　グ | → | ・国内、アジア、北米<br>　には24時間納入<br>・その他の地域は、<br>　遅くとも48時間<br>　納入 |

**サービスレベル向上<br>修理用部品・機器売上げ向上**

ました。統計的な計算で、合理的でありながら、可能な限り在庫が増加し
ないようにロジックを突き止めました。在庫の配置方針も改め、よく出荷
されるものは顧客の近くに配備し、めったに出ないものは補修用部品セン
ター倉庫に集約して配備し、全体に在庫が増えない工夫もしたのです。

　調達の改革もしました。長期的な予測から、サプライヤーに購入予定も
開示しました。これによりサプライヤーは事前に準備ができるようになり
ました。また、サプライヤーが納期をどれくらい遵守しているかも公開
し、自ら改善できるように仕向けました。

　もっとも大きな改革は物流でした。いままでの子会社への委託を取りや
め、物流専門会社に倉庫業務と輸送業務をアウトソーシングしたのです。
結果的に国内どこでも24時間以内で納入、アジアや北米でも24時間納入を
可能にしました。

　これらの改革により、E社の供給のスピードは劇的に向上しました。顧
客の生産を決して止めません。取引中止どころか、逆に表彰されるまでに
なりました。

# 1

## 12

SCMで会社が変わった⑥
# ビジネスモデルを進化させる
旧態依然の業界でも売上増と在庫減を実現

### ◇旧態依然のSCMで業界全体が苦境に

　F社はスーツを作っているアパレルメーカーです。スーツは長い時間をかけて作られます。1年半前から生地の選定とデザイン、販売数量が決められます。たとえば、今年の秋冬物が販売開始される前に、来年の秋冬物の生地を選び、販売数を予測して生地を発注するのです。1年半前にデザインとサイズ、生産数量を決めてしまうのです。

　生地が納入され、春夏物が販売されはじめるかどうかぐらいから、次期の秋冬物は生産されます。店頭に並べる直前までに生産を積み上げます。1年半かけて、まさに備蓄していくかのようです。農業よりもサイクルが長いものづくりです。

　ちょうど、春夏物のバーゲンが行われる時期に秋冬物の備蓄は終了します。1年半前に生産指示のかかった春夏物は、いま売りさばかないと売れ残り、来年まで倉庫で眠るか、催事で安売りになります。バーゲンが終わると一気に秋冬物になり、この秋冬物も翌年の2月ぐらいにバーゲンを行い、また春夏物に変わるのです。

　他の産業が販売開始後も市場動向に合わせて、柔軟に対応して、なんとか売り逃がしをなくし、在庫滞留を避けようと努力しているにもかかわらず、スーツアパレル業界は旧態依然としたやり方で山のような在庫を抱えて青息吐息になったのです。F社もその1社でした。

### ◇SCMが数十年の業界慣習を破った

　業界全体が沈んでいく状況でも、F社はのんびりしていたのですが、社長が交代し、SCM改革がはじまりました。目標は売上げの拡大と在庫の削減です。これを同時に実現できないと廃業の危機でした。

　いままでのビジネスモデルを大きく変えよう、との改革方針が出されま

36

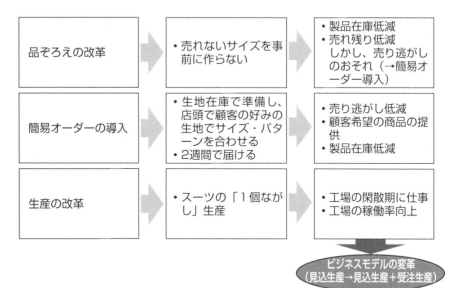

した。

　まず、すべての生地をスーツにせず、いつもはあまり売れないサイズのスーツは作らず、生地を残すことにしました。店頭で採寸し、顧客の体型に合わせたスーツを短期間で生産して届ける簡易オーダー形式です。

　ただし、顧客もすぐ着たいのが本音でしょう。あまり生産リードタイムがかかっては買ってくれません。調べたところ、通常サイズの直しで1、2週間待ってくれることがわかりました。生産の能力を見ると、販売の繁忙期は工場の閑散期であり、注文後2週間で届けられることがわかりました。1着ずつ作る「1個ながし」生産も可能でした。

　店頭で採寸後、2週間で気に入った生地で体型にあったスーツが届くことで、顧客も満足、F社の売り逃がしもなく、売上げが上昇する施策です。備蓄・吊るし売りモデルから簡易オーダーモデルへと大転換しました。もちろん、通常の店頭での販売もしていますが、店頭は売れ筋サイズに限定したので、在庫も減りました。

# column

## あらためて、SCMのコンセプトに関する思い込みを正す
### 受け売りではなく、自社の状況をとらえ、自ら考える姿勢が必要

### ■ SCMに関する夢から覚めて、現実解を求めるべし

　SCMにはいくつか幻想がありました。100%の需要予測精度、完璧な適正在庫、制約の自動最適化、市場追従、短サイクル化、全体を統括するSCM統括組織などです。こうした幻想は過去のものと考えていたのに、現在でも同じような期待をされているクライアントの声を聞くと、「この十年はなんだったのか」と残念に思うこともあります。

　100%の予測精度や制約の自動最適化は、一部の技術者や実務を知らない人の幻想です。企業の需要予測は統計的に完全な数学的世界の話ではないので、その精度はたかが知れているのです。自動最適化にいたっては、将来リスクへの判断や組織利害が絡むため、補充数量計算が主な業務であるサービスパーツのような製品群は別にして、業務的に成り立ちえないことがはっきりしてきています。

　また、市場追従や短サイクル化がすべての場面において正解とはいえないことも気づかれつつあります。ビジネスを無視して、いきなりすべての業務に市場追従、短サイクル化を当てはめるのは、論理で現実を判断する逆立ちしたやり方です。

　SCM統括組織とは、世界中のサプライチェーンを1か所で完全にコントロールしようというコンセプトのことです。夢としてはよいのですが、本書で解き明かしていくようにSCMはマネジメントモデルであり、少なくともマネジメント形態が明確でない限り実現不可能な概念です。本社と現地で意思決定すべき内容を明確にデザインすべきでしょう。SCM統括組織のありようも現実的なものにしなければなりません。

第 **2** 章

# 物流は競争力を生むインフラ

# きめ細かい在庫配置方針の必要性

在庫を減らし、顧客満足をアップする在庫拠点の持ち方

### ◆SCMの基礎の基礎、在庫の現品管理

SCMでは、単純に、いま在庫がいくつ、きちんとあるべきところにあって、システムに記録されている数量と現物の数量が一致しているか、という現品管理が前提条件です。在庫管理上の**5S**（整理、整頓、清潔、清掃、躾）は当然実施されていないと、そもそもSCMを実現しようという土台が崩れます。まず、在庫の現品管理をきちんとすべきです。

### ◆在庫マネジメントへ移行

現品管理がきちんとできれば、在庫をどう管理するかという、「在庫マネジメント」の世界に移れます。まず、在庫拠点をどう持つかを考えるべきです。たまに見かける例ですが、とにかくモノの置き場所としての倉庫をイメージして、工場のそばとか、顧客の近くとか、倉庫街とかを漠然と検討することが多いのですが、これでは、単に保管場所の選定になってしまいます。

この場合の短絡的施策は、倉庫統合です。在庫削減を目指してよく行われる施策ですが、倉庫を減らして在庫も減った反動で、欠品や納品遅れが頻発し、顧客からクレームの嵐になる例をいくつも見ました。

欠けているのは、**顧客満足**（CS：Customer Satisfaction）の視点です。顧客に迷惑をかける施策は、よい施策ではありません。在庫マネジメントには、CSを向上させる視点が必要です。

### ◆在庫を減らし、CSを上げるためには層別配置が重要

SCMは、「必要なものを、必要な場所に、必要なときに、必要な量だけ」供給することを目指すのであって、究極は最適な在庫量で売上げと利益を最大化することが目標です。突き詰めていえば、在庫が増えることを

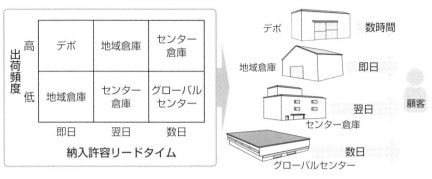

◀在庫を層別し拠点に配置する▶

◀SCMにおける在庫管理の視点▶

|  | 打ち手 | 管理する指標 |
| --- | --- | --- |
| 在庫の現品管理 | ・入出庫管理　・保管場所管理　・5S　・棚卸し | ・在庫精度　・作業効率<br>・出荷リードタイム |
| 在庫場所のマネジメント | ・保管所要量検討　・倉庫配置、倉庫場所検討<br>・倉庫減らし | ・在庫金額　・保管料 |
| 在庫とCSのバランスマネジメント | ・層別配置　・倉庫機能の定義　・輸送方法の定義<br>・サービスレベルの定義　・在庫水準の定義 | ・在庫金額　・在庫ヒット率<br>・納品リードタイム |

是とすべきこともあるのです。あまりに在庫を絞りすぎて、顧客に迷惑をかけている場合が、時にあるからです。

　しかし、すべての在庫をそろえると、莫大な量になるおそれがあります。そこで、顧客へのサービスを考えて、モノと在庫拠点に特性を付けて、特性で分類（層別）して在庫拠点方針と配置方針を考えることです。

　顧客にすぐ届けるモノを置いておく拠点（「デポ」と呼んだりします）は、顧客のそばに設置します。めったに売れないが、緊急対応さえできればよいモノを置いておく拠点は、工場のそばや全国一拠点に集約するセンター倉庫とします。この2つの中間の、届けるのに少し時間がかかってもよいモノを置いておく拠点は地域倉庫と呼んだりします。

　このように、在庫拠点を階層化したら、今度は、それぞれのサービスに見合うモノを選別（層別）し、どの拠点に配備すべきかの在庫配置方針を決めます。こうすることで、全体で在庫が増えないようにし、CSを同時実現する在庫マネジメントの方針ができます。これが今後のSCMの土台になるのです。

# 2 層別配置方針の詳細化

最小在庫で最大の品ぞろえを実現する

## ◇ 層別配置をするためのポイント

　層別配置をする場合、どのようなポイントで考えるべきでしょうか。前項ではCSの視点があるという点を書きましたが、もっといろいろな視点があります。

　次ページの図に挙げた「層別配置の代表的な視点」は、在庫をどう分類（層別）して配置するかのチェック項目ともいえます。たとえば、出荷頻度が高いのであれば、顧客の近く（サプライチェーンの下流）に在庫を配置すべきとか、逆に出荷頻度が低いのであれば、顧客の近くにおいても在庫が滞留するだけなので、工場近くのセンター倉庫に集約して（サプライチェーンの上流に）配置するなど、層別配置を検討するときに使うのです。

　最終的には2つか3つの判断ポイントに絞り込むべきです。たとえば、大体のポイントは出荷頻度と納入許容リードタイムあたりに集約できると思います。あまりに多くを考慮しようとしても、人間の管理、識別できる対象はそう多くはありません。

## ◇ 層別配置は最小在庫で最大の品ぞろえを可能にする

　層別配置は、在庫を最小化できるとともに最大の品ぞろえを可能にします。まず、サプライチェーンの下流に、出荷頻度の高いモノ、顧客の納入許容リードタイムが短いモノなどを配備します。つまり、下流に配置したほうが、ビジネスチャンスの広がる品目を配置するのです。顧客の近くに配置するという点では、在庫拠点が増える可能性もあり、全体に在庫増加の要因になります。しかし、顧客への即納が可能になり、在庫が必ずあるという安心感から、顧客満足はアップするのです。

　とはいえ、これだけでは単に在庫が増えるだけなので、今度は、出荷頻

42

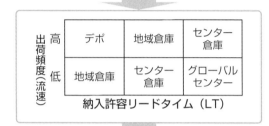

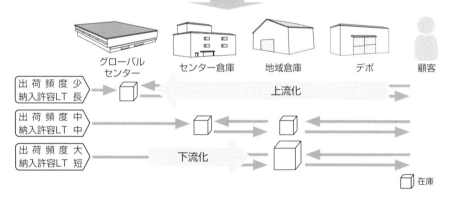

　度の低いモノ、顧客の納入許容リードタイムが長いモノなどをサプライチェーンの上流に配置します。配置を上流化することで、在庫が集約化され、低減されるのです。一方、めったに出ないモノでも、センター倉庫などの上流には必ず在庫があるため、欠品を回避でき、顧客に迷惑をかけずにすみます。

　層別配置は、第1章7項のA社、12項のF社で採用した施策で、両社とも最小在庫で最大の品ぞろえを実現しています。

## 2
# 3 プッシュで配備、プルで補充

### SCMといえばプル型というのは短絡的

### ◇プッシュ、プルとは何か

　SCMで登場する概念にプッシュ型、プル型というものがあります。プッシュとは、押し出すイメージで業務を行うことで、ニーズにかかわらず、とにかく押し込みで生産する、あるいは出荷するというイメージです。過去の「作れば売れる時代」は、まさにこのプッシュ型のビジネスでした。顧客の要求に応じるのではなく、まず生産、仕入れをして売りさばくという仕事の仕方です。

　一方プル型は、顧客の需要に基づいて生産、あるいは出荷するというイメージです。「必要なものを、必要な場所に、必要なときに、必要な量だけ」供給するというSCMの考え方は、まさにこのプル型のビジネスを志向しているのです。

　もし、最終製品までプッシュ型で作っていて、プル型の考えを持っていないメーカーがあれば、一度自社のSCMを見直したほうがよいと思います。売れ残り在庫の処理費用が莫大にかかっているはずです。

　もちろん、すべてにおいてプッシュ型が悪いかというと、そうでもありません。戦略的にプッシュ型SCMで収益を確保する会社もあるのです。たとえば、製品のライフサイクルが極端に短いハイテク製品では、作っただけの数量分を売り切ったら終わりという「売り切れ御免」のプッシュ型SCMもありなのです。

### ◇プッシュ、プルの分解点：再びデカップリング・ポイント

　SCMではプル型が推奨されました。需要の動向に俊敏に対応することで、売り逃がしをなくし、かつ、在庫の売れ残りを避けようという考えからスタートしていれば当然です。しかしながら、原材料の調達から最終製品まで完全にプル型のSCMを構築することは困難です。製造や輸送には

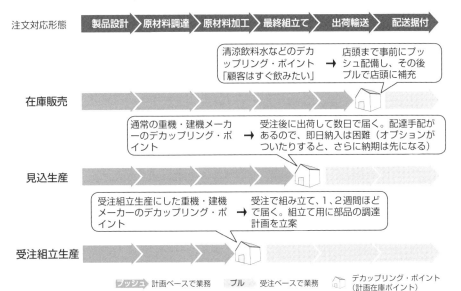

物理的な時間がかかるため、顧客の要求する納期に対して、あまりに時間がかかるおそれがあるからです。

　もし、清涼飲料水を需要に応じて、原材料から作っていたらどうなるでしょう？　果実を絞ったり、砂糖を精製したり、缶用の鉄を高炉で製造したりしていては、「すぐ飲みたい」という要求とのずれが生じます。これは極端な例ですが、現実としては、ある在庫拠点まではプッシュで配備し、その後、プルの需要に合うように出荷、販売していくというのが妥当な形です。

　ただし、プッシュといっても、闇雲に作ったり、仕入れたりすればよいわけではありません。需要計画に基づいて生産し、在庫拠点までプッシュで配置し、その後、顧客の実需でプルしていくという業務を実現します。プッシュとプルの分岐点の在庫配置拠点がデカップリング・ポイントです。デカップリング・ポイントまでは、計画主導で在庫を「構え」、顧客の実需で在庫を引き当てて出荷していくのです。このデザインの良否がSCMの成否を分けるのです。

## 2
# 4 配送スピードアップへの対応

CS（顧客満足）をとことん上げるために

### ◇ 顧客はせっかち

　私たちは待つのが苦手になりました。ほしいものはいますぐ手に入れたい、サービスはすぐ受けたい、という方向に世の中もシフトしてきました。宅配便の翌日配送は、いまや当たり前になりました。ネット小売りでは極端な短納期の配達競争がはじまっています。配送拠点から個人宅までの配送時間を時間単位、分単位にしようという「ラストワンマイル」競争が激化しているのです。

　これは、消費者だけの動きではありません。企業側も同様に配送のスピードアップを求めているのです。ジャストインタイムはトヨタに限ったことではなく、時間指定納入を採用する企業もたくさんあります。時間通りに、1日何度も持ってきてほしい、となったら、毎日ある時間に出荷をして届けることが常態化します。大雑把な配送では、この希望はかなえられませんし、納入先のそばに倉庫を持たない限り、迅速で、時間通りの納入は難しいでしょう。

　また、時間単位納入のような、計画的な納入指示でなくとも、短時間での配送を要求されることは多々あります。第1章7項のA社の例は、24時間以内に消耗品を届けるニーズを示しています。第1章11項のE社の例は、国内どこでも24時間以内で納入、アジアや北米さえ、24時間納入を可能にした例です。顧客の要求するスピードを実現することは、競争力の著しい向上につながるのです。

　できるだけ在庫を持ちたくない、というのはあらゆる産業で共通の目標になっています。しかし、緊急で必要になる場合があるため、仕入れの際に、短時間での配送を要求するのです。

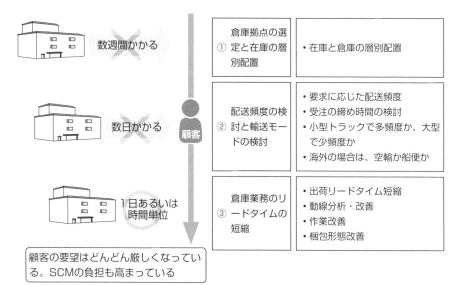

## ◆スピードアップをどう実現するか

配送のスピードアップの仕方はさまざまですが、以下のようなステップを考えておけばいいでしょう。

### ①倉庫拠点の選定と在庫の層別配置

顧客の要求する納入リードタイムが鍵です。24時間以内なのか、あるいは4時間なのかで、持つべき倉庫の場所が変わってきます。そこで、製品を層別分類して、顧客のそばにはよく出荷されるモノ、あとはセンターに集約するなどで、サービスレベルと在庫数をバランスさせます。

### ②配送頻度の検討と輸送モードの検討

倉庫拠点が決まったら、配送頻度を決めます。いくら近くに倉庫があっても、配送頻度が1日1回なら、時間単位での納入はできません。要求されるサービスのレベルに応じた配送頻度を考えます。

### ③倉庫業務のリードタイムの短縮

倉庫拠点を決め、配送形態を決めても、倉庫がのんびり作業しているのでは意味がありません。作業改善などで倉庫業務を迅速化します。

## 2

## 5 何でも多頻度化する必要はない

収益に見合ったコスト負担で

### ◇ 単にコストアップするだけの多頻度化は避ける

顧客の利便性から考えると、多頻度配送、もしくは、要求に応じた都度配送がもっとも理想的なのかもしれません。「必要なときに」を突き詰めれば、ジャストインタイム納入が究極です。

しかし、あらゆる顧客、品目で、多頻度配送を実行するには莫大なコストがかかります。多頻度化するほど、配送も小口になる可能性があります。小さい荷物を何度も配送することは、配送の手間と使用するトラックなどの輸送手段をムダに使うことになります。

配送の手間とは、1回の配送に対して、伝票を起こし、倉庫からピッキングして、箱詰めし、トラックに載せるなどの作業のことです。この手間は、荷が大きくとも小さくとも1回は1回なので、配送回数が増えるほど、作業回数が増えていきます。通常、倉庫の作業は配送件数やピッキング回数などの作業の回数などによって請求されるため、**あまり多頻度化するとコストが上がる**のです。

輸送手段のムダは、積載効率で計ります。たとえば、トラックの荷台が一杯であれば、非常に効率がよいことになります。一方、荷台が半分しか埋まっていない場合、積載率は50%で、これで配送してしまうと、半分は空気を運んでいるようなことになり、ムダになります。できるだけ満載に近い形で運びたいのですが、多頻度化すると、荷が小口化し、積載効率を悪化させ、高コスト化してしまうおそれが強いのです。単にコストアップするだけの多頻度化は、避けたいものです。

### ◇ コストと収益性のバランスをとる

配送を1回から2回に増やせば、単にコストは2倍になります。仮にトラックを小型化して半分にしても、1回の配送のときにかかったコストと

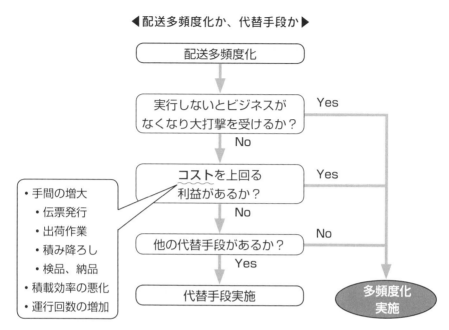

同じにはなりません。たいていは1倍以上、つまりコストはアップします。

　一方で、コストが上がっても、その分を吸収できる収益と、合計で1回の配送時よりも高い利益が見込めるのであれば、多頻度化は問題ありません。

　もちろん、取引中止のおそれがあって、多頻度化せざるを得ない場面もあるとはいえ、やはり、収益があってのコストなので、きちんとバランスを検討すべきです。

　以前、ある会社で全国にある販売店への配送の多頻度化について検討しました。現行の1日1回配送を多頻度化して、販売店でのサービスレベルを上げようとの検討です。最初は全国一律での多頻度化を議論しましたが、地方の販売店に対して多頻度化してもまったく収益に見合わないことがわかりました。そこで、このときは収益とのバランスで地方店への多頻度化はとりやめとなりました。ただし、欠品時はセンターからの直送などの対策も採りました。

49

## 6 締め時間で差別化する

作業改善などの余地はないか

### ◇締め時間は顧客満足度に影響する

多くの業務には、締めの時間があります。業務を行うに際して、一旦、その業務を行うためのインプットを締め切って、まとめて行うためです。物流に関連した締めは、受注の締め時間でしょう。たとえば、夕方16時までで締め切って、夜間は出荷作業をする、というような運用をされます。16時までの受注はその日に処理されますが、以降の受注は翌日回しになるということです。

業務の締め時間は重要な差別化要因です。上記の例では、16時以降の受注が翌日回しですが、顧客にとっては16時を過ぎるか過ぎないかが大問題になります。16時を過ぎると出荷が1日遅れるので、その分在庫切れのリスクを負いますし、売り逃がしになるかもしれないのです。

顧客の業務が通常17時までで、残業も常態化している場合、倉庫の受注の締めが16時では、まだ顧客の業務が忙しくて、発注ができない場合もあるでしょう。また、16時以降大きな売上げがあり、急いで大量に発注したい事情も出るかもしれません。

そうすると、16時という締め時間は、顧客にとっては不満の種になります。顧客の都合ではなく、自社の都合で締め時間を設定しているからです。**受注の締め時間を延ばすことができれば、顧客満足度も上がるの**です。

### ◇締め時間を競争力の源泉に

自社の都合で決められている締め時間を、顧客の要望に近づけるため変更することは、サービスレベルを上げ、競争力を向上させることに直結します。国内では、締め時間が遅くなるほどサービスがよくなります。海外への送品であれば、税関の締め時間を変えることはできないまでも、税関

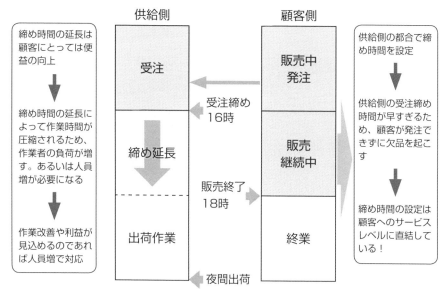

に持ち込むまでの時間を短縮することができれば、その分締め時間を遅くできます。

　ただし、締め時間を単純に遅くすると、業務の負荷が増え、かえって残業や社員の増員を生み、コスト高になります。締め時間を延長するにしても、上がるコスト分を吸収できるだけの売上げ増が見込めるのであれば実施すべきです。あるいは、コストが上がらないようにする方法を採るべきです。

　できるだけ、作業改善などで効率を上げて、処理できるようにすべきでしょう。

　作業改善では、受注、引き当て、出荷指示というペーパーワークは、システムによる自動化等で短縮していきます。物理的な作業では、倉庫内の配置を工夫して、動線の短縮、ピッキングの作業軽減化・短時間化、システムによる伝票作成の自動化などの改善をしていきます。コストアップを避けて、締め時間延長による競争力強化を実現しましょう。

# 最適な輸送形態を選択するには

在庫と同様、顧客と取扱い製品の層別分類で検討する

## ◇スピードをとるか、コストをとるか

　輸送形態には、いろいろなものがあります。国内輸送で、トラックであれば、自社専用車、他社物流業者にお願いする傭車、配送委託先のルート便、仕立て便、共同配送採用による他社便への分乗、すでに荷を降ろした後の空車の帰り車を利用する方法などです。

　輸送形態の分類では、空輸、船便、鉄道貨物、トラック輸送といった「輸送モード」があります。トラックを鉄道や船に乗せて、幹線ルート部分を運ぶ「モーダルシフト」というものもあります。海外輸送では、主に空輸か船便かの選択となります。

　輸送は大量に運べば運ぶほど1台あたりの輸送コストは安くなります。しかし、最終の顧客に届けるには、どこかで積みかえる必要があり、届けるスピードが低下します。また、大口化して1回で運ぶために、輸送のサイクルが長くなり、週1回、月1回となり、サイクルの長期化によるスピードの低下が生じてきます。コストをとるとスピードを犠牲にすることになりがちです。

　スピードとコストの二律背反は永遠のテーマですが、物流部門だけの議論では、SCMの観点が弱くなってしまいます。在庫と同じで、顧客サービスを考え、扱っている製品の層別分類により、検討すべきです。

## ◇ビジネスモデルから考えるスピードとコストのバランス

　輸送形態の選択では、スピードとコスト以外の"ビジネス"との関連でも考えていきます。その結果としてスピードとコストで評価するという手順を踏みます。

　顧客に製品をどのように届けるかは、単なる物流機能のスピードとコストのバランスではありません。ビジネスモデルの選択そのものなのです。

52

① 会社の戦略方針を確認する
② 会社のサプライチェーンの制約を考える
③ 戦略方針とサプライチェーンの制約にあった輸送形態の選択

輸送形態も層別分類を行い、対応を決める

したがって、物流部門だけでなく、事業に責任があるマネジメント層も巻き込んで、以下のような議論を展開します。

①**会社の戦略方針を確認する**
　会社として、どのような製品を、どのように売っていくのかを確認します。製品が高付加価値なのか、汎用化（コモディティ化）しているのか、ライフサイクルは短いか長いかでも選択すべき輸送形態は変わります。

②**会社のサプライチェーンの制約を考える**
　工場、倉庫の配置は制約になるでしょう。この配置をもとに、顧客への距離と配送スピード、コストが検討されます。また、荷姿や輸送条件（温度、ゆれ、気圧など）も制約です。

③**戦略方針とサプライチェーンの制約にあった輸送形態の選択**
　高付加価値品は直送、コモディティは大口輸送、ライフサイクルが短い製品は空輸、長い製品は船便、スピードが競争力になる製品はコスト高でもハイスピード輸送というように、層別して選択します。
　ビジネス視点で考えた結果がスピードとコストのバランスなのです。

## 2
# 8 自社物流にこだわる必要はない

サード・パーティー・ロジスティクスも視野に入れる

### ◇ 自社物流の足かせ

　物流改革をしようにも、組織が壁になってできないことがあります。自社で物流機能を担っている場合、改革の障害となることは珍しくありません。コストダウンは予算の関係でできない、サービスは就業規則上、レベルアップできないなど、とにかく組織利害を盾に改革に抵抗が生じることが多いのです。

　自社物流とはいっても、じつは倉庫作業者は派遣社員、輸送は外部トラック業者に委託といった具合で、実際は管理業務しかしていない場合もあります。それでも、ポスト維持の力学が働き、コストダウンなどの要求ははねつけられることが時にあります。

　また、物流機能を子会社化している場合がよくあります。こうしたケースでは、もっと改革への抵抗が強い場合があります。子会社とはいえ、1つの独立会社なので、売上げ、利益はほしいところです。親会社からの依頼、指示といっても、自社の収益に口を出されたくない、売上げを減らされるようなコストダウンは飲めない、という意識があります。特に、年間一定額で委託料を受け取っている会社の場合、サービス向上に努めるわけでもなく、十年一日のような業務が行われていることがあります。

　子会社の場合は、かつての役員の「天下り先」になっていたり、会社の有力者の一族支配だったり、改革しにくい事情もあるでしょう。しかし、サービス向上は競争力強化につながります。自社物流が物流改革の足かせにならないように、対策すべきです。

　「餅は餅屋に」という言葉がありますが、専門業者にはそれなりのノウハウがあるものです。倉庫管理、倉庫内5S（整理、整頓、清掃、清潔、躾）、動線設計、ひと筆書きのピッキング、輸送管理、運行管理、貿易管理などのノウハウが蓄積されています。

54

**◀サード・パーティー・ロジスティクス検討の基準▶**

*Q* 競合に対抗していけるだけの物流品質を確保できるか？

*Q* いまの物流業務に甘えはないか？

*Q* 他の業者と戦って遜色のない物流業務が営めているか？

*Q* 日々改善の努力がされているか？

*Q* サービスレベルは上がり、コストダウンは進んでいるか？

答えに1つでもNoがあれば
サード・パーティー・ロジスティクスを
検討してもよいかもしれません

物流業者も、厳しい業務改革を進めています。外資の参入も刺激になり、物流も世界を舞台に戦う時代になったのです。物流業者も変わりつつあります。

## ◇サード・パーティー・ロジスティクスとは

自社物流に疑問があるのであれば、物流機能をフル・アウトソーシングする「サード・パーティー・ロジスティクス」も検討に値します。倉庫管理、入出庫、輸配送をすべて委託するのです。入出庫のような荷役作業は出来高での支払い、倉庫保管費は倉庫稼働率での支払い、などで変動費化できます。

締め時間、誤出荷などの指標、輸配送時間などは「サービスレベル・アグリーメント」というサービスレベルの合意・契約で測定、改善可能です。変動費化とサービスレベルの契約化によって、SCMの質を上げ、競争力に変えていくのです。

## 2
# 9 コストとサービスの両立に向けて

物流業務はSCMの足腰。鍛え続けて競争に勝つ

### ◇ 物流業務はSCMの基礎体力

　SCMでは物流業務は基礎体力にあたります。これがきちんと確立されていないと、どんなに需要への変動対応などのマネジメントレベルが高くても、活かしようがないのです。SCMでは、モノが動いてこそ、モノの管理が活きるのですから。

　また、顧客から見えるのは、「必要なものを、必要な場所に、必要なときに、必要な量だけ」きちんと届けられるかどうかです。顧客が直接目にし、サービスを実感する主要な業務の1つが物流業務で、企業としてのSCMの評価がここで下されることが多々あります。仮に第三者に委託していたとしても、委託先と合わせて、委託した会社の姿勢も問われます。物流業務は、会社の評価に直結し、この業務分野の改革レベルが高ければ高いほど、競争優位を手に入れられるのです。

　しかし、そのためには、物流を単なる「モノ運び」では終わらない重要な業務と認識することが大切です。会社の戦略やビジネスモデルに適合した、在庫の層別配置と輸送モード選択がキモになるのです。ここで失敗すれば、戦術レベルの「運ぶ」業務だけでは解決できない問題を抱えます。会社の戦略やビジネスモデルに適合した物流を築くことが、会社の足腰を決める重要な要素であることをキモに銘じるべきです。

　そのうえで、コストとサービスレベルをバランスさせて、収益力と俊敏性を兼ね備えた物流業務の組み立てを行うのです。スピードアップ、多頻度化、締め時間の延長、輸送形態の最適化を行い、競争優位を確実なものに変えていくのです。

　物流の強い会社は収益性を確保できます。そもそも物流は競争力の源泉の1つなのです。SCMの足腰である物流の改革に取り組み、差別化を成し遂げましょう。

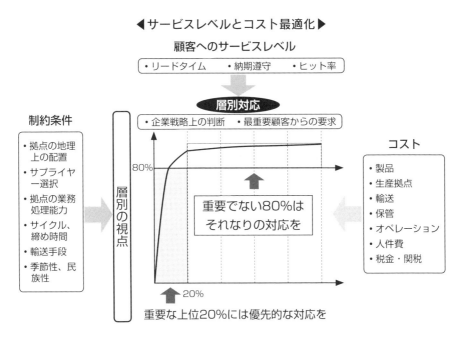

## ◆コストとサービスレベルのバランス

　物流強化といっても、闇雲にコストをかければよいというものではありません。かけられる「ヒト、モノ、カネ」などの経営資源には限界がありますし、すでに建設済みの工場、倉庫など、簡単に変更できない制約もあります。本章で述べてきたとおり、顧客を層別して提供するサービスレベルを定義し、その層に合わせて経営資源を配分するのが、もっとも効果的に経営資源を投入する方法です。顧客や製品を分類し、売上げや利益にもっとも貢献する部分に資源を集中し、それ以外の部分には、都度対応を行っていくというメリハリの効いたものです。

　パレートで有名になった"80対20の法則"では、重要な上位20％が全体の80％の結果を生んでいることを明らかにしました。そう考えると、全方位ではなく、重点とすべき対象があるはずです。コストとサービスレベルをバランスさせ、適度に強い物流をつくりあげることが重要です。

## ——column——

### 物流が足かせになりつつある日本市場への対応
#### ドライバー不足と貨物の急増が物流改革を迫る

#### ■ 物流が成長の制約になり、物流改革が新たな競争領域に

　少子高齢化の進展やネット小売りの伸長によって宅配需要が拡大し、物流現場はドライバーを含めて人手不足に陥っています。

　本書では、アウトソーシングを物流改革の1つの施策として提示しています。きちんと構築された物流アウトソーシングの効果は大きなものですが、競争状況によっては必ずしもアウトソーシングが正解ではないケースも出てきています。アウトソーシングをやめ、自社物流に切り替えて競争力を劇的に向上させた企業もあります。

　私がかつて支援した企業が属する業界は、品質、コスト、デザインなどが差別化要因でなくなり、寡占数社の過当競争に陥っていました。ところが、納期遵守、多頻度短サイクル・時間指定配送、店別、かつ小分けピッキングといった物流サービスを競争力にした企業が頭1つ抜けて、競合を押さえてガリバー企業になっていったのです。

　顧客企業もコスト競争で疲弊していて、荷受け、在庫管理、段ボールからの荷出し・ピッキングなどの通常の作業にさえコストをかけられなくなっていたのです。顧客が喜ぶきめ細かいサービスを取り込んで、自社物流で実施した企業に顧客が雪崩を打って発注するのも当然のことでした。

　他社は旧態依然とした路線便、前日1回だけの段ボール配荷で物流サービスはなおざりでした。物流が競争力になると判断し、自社物流に切り替えることも選択肢の1つとして覚えておいてください。

第 **3** 章

# SCMは販売計画から
# スタートする

# 3
## 1 SCMでもっとも重要な計画業務
販売、需給、生産、調達の各計画が連鎖する

### ◇ 計画業務とは、まさにマネジメント業務

　SCMには、インフラとしての物流と、業務としての計画業務と実行業務があります。計画業務とは、まさにSCMを動かすための計画で、販売計画、需給計画、生産計画、調達計画があります。実行業務は受注、出荷、生産などのモノを動かしたり作ったりする業務で、それぞれの業務実行指示に伝票が登場します。

　SCMの概念を、第2章の物流に続いて計画業務を第3章から第6章までで取り上げます。これだけ多くの量を割く理由は、SCMでは計画業務がもっとも重要だからです。物流や実行業務はSCMの主要テーマとしてよく取り上げられますが、実は、計画業務がSCMのテーマとしてより重要な業務なのです。

　計画業務とは、まさにマネジメントです。「ヒト、モノ、カネ」は計画によって決められ、その後の実行業務や物流業務は、計画で決められた枠の中で行われるのです。つまり、計画業務が、在庫を計画し、生産能力を計画し、販売数量を計画し、会社の資産や売上げの枠を決めてしまうため、会社の収益を決めているのに等しく、重要な業務なのです。

　マネジメントとは、長期的な視点でリスクと収益を勘案して意思決定する業務です。効率の視点で標準とルールに準拠して行う物流や受注、出荷などの実行業務とは決定的にちがいます。

### ◇ 計画業務の特性と重要性

　計画業務は受注や出荷のような実行業務と異なり、伝票のような情報の「乗り物」がなく業務プロセスとして明確に定義されにくいため改革が遅れがちです。観察・測定できないのであれば、改革が遅れるのもうなずけます。

60

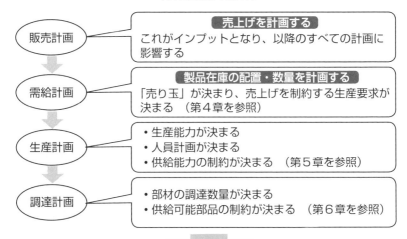

　計画は、中長期計画、予算から、月次の計画、週次の計画とブレークダウンされていきます。

　その中身は、売上げの目標を決める「販売計画」からはじまって、各拠点の「売り玉」としての在庫配置数を決める「需給計画」、生産能力と在庫の供給可能数を決める「生産計画」、原価の大きな部分を占め、生産可能数を決める鍵となる部品や原材料の「調達計画」へとつながっていきます。計画は、サプライチェーンの下流から上流へと向かって「連鎖」していくのです。

　販売計画、需給計画、生産計画、調達計画の計画連鎖によってSCMの計画業務は成り立ちます。各計画は、すべてが整合していなければ、実行段階で不具合が起きます。たとえば、販売計画が生産計画より大きければ欠品、調達計画が生産計画より大きければ部品余剰などが発生します。

# 3
## 2 すべては販売計画からはじまる

### SCMの基本は個人商店の考え方と変わらない

#### ◇ 販売計画を達成するために以降の計画が立案される

　あなたが果物屋を営んでいると想像してください。果物を売るためには、仕入れをしなければなりません。当然、明日、何が売れるか、あるいは、何を重点的に売るようにがんばるかを考えたうえで仕入れるのではないでしょうか。

　イチゴが旬だから大量に仕入れよう、マンゴーがブームだから、前の棚に並べて売り込んでみようか、みかんは定番でいつもどおり並べて、1日それぞれいくつずつ売るから、そのためには、何パックで何箱仕入れようと考えるはずです。つまり、「何をいくつ売る」かを、予測と自分の意思を交えて計画するのです。

　この構造は会社規模が大きくなっても同じです。「何をいくつ売るか」を決めるのが販売計画で、販売計画以降の計画は、あたかも果物屋の仕入計画のように、販売計画を成り立たせるのに必要十分な数量をタイムリーに用意するための計画なのです。逆にいえば、販売計画がなければ、いくつ在庫して準備しておくかの基準がなくなります。

　販売計画以降の計画は、販売計画を達成するための「売り玉」を用意するのですから、インプットとなる販売計画そのものが非常に重要です。販売計画がいい加減で、まったく計画どおりに売上げが伸びなければ売れ残りの在庫を抱えるおそれがあります。逆に、計画が過小だと、欠品を生み、売り逃がしにつながり、結果として顧客からの信頼も失います。

　販売計画の精度を上げ、常に顧客への販売実績を検証しながら販売計画を見直していくことが、SCMの出発点なのです。販売計画はSCMの「キモ」の1つです。

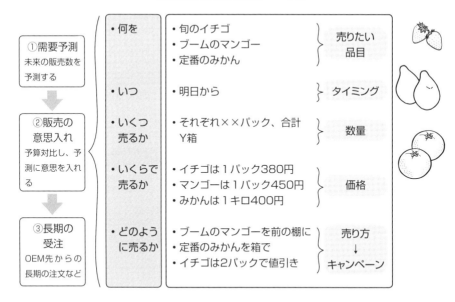

## ◆販売計画の枠組み

販売計画は、①需要予測、②販売の意思入れ、③長期の受注を合算したものです。

①需要予測は精度の問題があります。いかに精度を上げるかが課題です。②販売意思入れは、予算などの経営目標・長期の販売計画に対して、いかに近づけていくかの施策込みの計画です。③長期の受注は顧客からの注文なので、そのまま受けることが基本です（ただし、そのまま受けるかどうかの可否は本章6項で後述します）。

販売の実績が下降しているときに、販売計画を下げることはありますが、それだけでは単に需要に反応しているだけです。意思入れにより、販売数を持ち上げる施策を考えることもSCMの役割なのです。

## 3

# 3 需要予測にはさまざまな方法がある

### 予測がはずれたときの対処法を考えておくことが大切

#### ◇ 需要予測の種類

需要予測には、大きく分類すると、以下の3種類があります。

#### ①統計的需要予測

統計モデルに基づく需要予測で、各種統計式により計算されます。統計的需要予測（以下、「統計予測」という）の前提は、過去と同様のことが将来も起きるということで、基本的に過去実績から未来を予測することが多くなります。

簡単なところでは、過去の期間の平均から未来の数字を予測する「移動平均法」や、過去の同じ時期の変動を季節的な動きとしてとらえ、未来も同じように変動するであろうと予測する「季節変動法」など、過去の延長として計算する方法があります。

また、予測に影響を及ぼす要因を分解して、それぞれの掛けあわせで未来を予測する方法もあります。たとえば、故障率が一定の部品を持つ乗用車の台数が増減すれば、「走行乗用車台数×故障率」で計算ができるなどの方法を採ります。これらの他にもいろいろな予測方法があります。

#### ②人的予測

勘と経験によって予測する方法です。この方法は、広く採用されていて、たとえば営業マンが予想する「昨年対比5％増し」といったような販売計画などはこの部類に属します。

#### ③コンセンサスに基づく予測

協議や多くの人に聞きまわることによって予測していく方法です。多数決やアンケートもこの部類といってよいでしょう。

#### ◇ 需要予測には限界がある

需要予測は完璧にはできません。未来を予測するのですから当然です

64

**◀完璧な需要予測はできない▶**

| ① 過去の延長 | 未来は過去の延長という前提<br>↓<br>トレンドの変化は予測できない |
|---|---|
| ② 人間的な問題 | 人の好みや流行など心理的・人間的な要素が絡むため予測が難しい |
| ③ サンプル数制約 | 予測に使うサンプル数が少ないと精度が上がらない |

需要予測はあくまで予測。おのずと限界を持っている業務なので、100％の精度を追求するのではなく、参考程度にするか、あるいは、予測がはずれても対処できるようにしておくことが肝要

し、そもそも予測にはいくつか前提条件があり、そのすべてをクリアしないことには完璧にならないのです。よく、予測精度を100％に上げる努力をすることが目標になっているSCMプロジェクトがありますが、その努力と結果はつりあわないケースが大半です。

　需要予測の前提は、過去の延長に未来があるという点です。しかし、実際はそうなりません。それに、人間の好みや流行という心理的な側面が絡むため、数学的な理想状況の世界とは異なっています。統計的に精度をいくら追求しても限界がきます。数億円の販売予測システムを作る会社もありますが、現実は数学的理想状況ではないため、運用しきれなくて放棄されるケースをよく見ます。

　また、統計では予測の元になるサンプル数が多いほど予測の精度は上がり、統計上の論文では2,000サンプルくらいないと認めてもらえません。しかし、実際の販売予測では、サンプル数は非常に少ないのが通常です。過去3年で月次単位の場合、36サンプルしかなく、そもそも精度に問題があるのです。

# 滅多に出荷がない「間歇需要品」への対応

統計予測に頼らず、会社の方針を明らかにする

## ◆ 滅多に出ない製品が生み出す騒音

　修理用部品部門に行くと、必ず問題として出されるのが、滅多にないが、ごくまれに出荷要求が来る部品への対応です。「この部品の出荷の予測ができないので、なんとか予測できないか」というのです。"滅多にない"というのが、どれくらいの頻度かということがありますが、たいてい半年間で1回とか、それ以下のことと考えてよいでしょう。

　そもそも、滅多に出ないのですから、売上げへの影響度などの重要性から考えれば、無視しても受注生産にしてもよいでしょう。もし、その製品（部品）がないと、顧客に著しい悪影響が生じるのであれば、事前に在庫として用意しておけばよいのです。統計的に予測して"当てる"必要はありません。

　統計的に困難な予測を実行する努力よりも、他の手立てで対応したほうが、よほど費用対効果が高いのであれば、視点を変えて対応すべきです。さらに言えば、そもそも「滅多に出ない品目なので、在庫はしていない」などと顧客にきちんとアナウンスしておき、取り寄せるには少し時間がかかることを知らせておくことも重要です。ここでも層別対応が重要になります。

## ◆ 統計予測ではなく、意思として在庫すること

　滅多に出ない「間歇需要品」は、統計予測に頼らず、マネジメントとして対応すべき問題になります。

　この問題を、予測担当者や予測を行う部門に任せきりにしているようでは、会社として無責任です。顧客対応の視点から、会社としての判断が求められます。

　SCMは、組織の壁を取り払って、「必要なものを、必要な場所に、必要

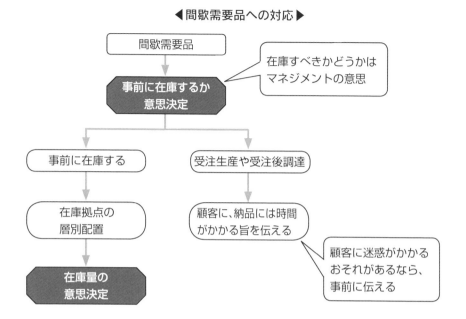

なときに、必要な量だけ」届けることです。予測が困難な場合、この原則を成り立たせるには、事前に在庫するか、そもそも在庫せず受注生産や受注後に調達するかの意思決定が必要です。

短いリードタイムで納品する必要があるのならば、在庫して対応すべきです。出荷があるまで在庫で寝てしまう期間のコスト、滞留が長期化して最終的に償却、廃棄するコストをリスクとして受け止め、在庫する意思決定をすべきなのです。

短いリードタイムでなくとも、さほど迷惑をかけないのなら、在庫せず、届けられるまで顧客に待ってもらうよう、意思決定するのです。その際、納品までのリードタイムが長くなる点をきちんと営業部門から伝えておくことです。会社の代表として営業部門が伝えることで、組織としての決定がされたことを示します。予測担当の失敗ではなく、会社の意思決定の問題なのです。

もちろん、間歇需要品に適用できる統計予測もあります。ただし、本当に適用可能かどうか、導入の費用対効果も併せて検討すべきです。

# 3
## 5 キャンペーン計画などの「意思入れ」の方法
特殊な需要による実績は除いて管理する

### ◇ 統計予測を狂わせる特殊な需要

　販売や出荷の実績データに、人為的な雑音（ノイズ）が入っていると、統計予測の精度に問題が生じます。たとえば、キャンペーンによる特売や有名なテレビ番組で取り上げられたことによる急な販売増加など、特殊な条件によって、販売数や出荷に異常な数値が生じることがあるのです。

　特殊な需要をそのまま実績として統計予測してしまうと、おかしな予測数になってしまうのです。

　特殊な需要を生み出す要因はいろいろです。まず、プレゼント付きセール、3本パック、5本パックなどでの特売、期間限定の割引きなどのキャンペーンです。

　また、大口受注や天候不順（大雪や猛暑、冷夏など）による急な販売増、もしくは販売減による特殊な需要もあります。

　いずれにせよ、特殊な需要の影響分を消去しなければ、予測に悪影響を及ぼします。

　特殊需要の除き方としては、人手で補正して除く方法と、システムで自動的に除く方法があります。このとき、あとで補正した理由がわかるように、特殊な需要が起きた原因を記録しておくことが肝要です。

### ◇ 統計予測には追加でヒトの意思を入れる

　過去の実績から、特殊な需要を除きますが、逆に、ノイズのない統計予測に対して、ヒトの意思を入れる必要が生じます。本章2項で説明した②販売の意思入れということです。

　統計予測は、単純な予測であって、そこにヒトの意思は入っていません。しかし、販売の行為にはヒトの意思があるはずなので、何らかの補正が必要になります。簡単にいうと、統計予測では販売数字が落ちていくと

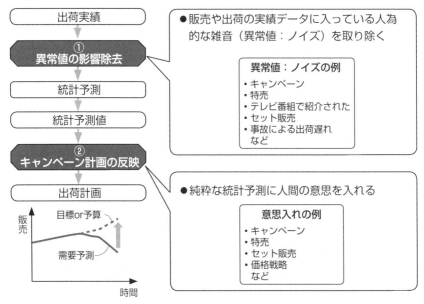

ころを、キャンペーンやその他の施策で底上げして、販売数字を上げていこうという行為です。

　成り行きで販売が落ちていくことを「ヨシ」とするのであれば、人間は要らないかもしれませんが、実際はそうではなく、定められた計画（予算）に近づくように販売数字が上がるよう営業努力します。

　この努力がキャンペーンであったり、価格政策変更であったり、いろいろな販売拡大策になるのです。成り行きの統計予測に対して、ヒトの意思として、どれくらい販売拡大するのかを補正で追加する必要があります。

　これとは別に、大口商談や大口での入札案件も統計予測では出てこない需要です。こうした特殊な需要は統計予測とは別枠で管理する必要があります。

　また、なぜ販売計画に意思を入れて補正したのか、その理由を記録しておき、予測時のノイズの排除などにも利用できるようにします。

# 3

## 6 OEM先からの発注の取扱い

### 確定受注を自社の生産計画と同居させる意味

#### ◇ OEM先からは確定発注がくる

自社の需要予測に意思入れした販売計画に対し、受注の形で合算される需要があります。OEM先（製品の発注先）からの受注です。

**OEM**（Original Equipment Manufacturing）は他社ブランドの製品を生産することで、OEM先はここでいう他社にあたります。つまり、他社から注文を受けて作った製品を納品し、他社でブランド、製品名をつけて売ることです。この注文が確定分としてきます。

したがって、自社の販売計画と、このOEM先からの発注分を合算して生産するのです。

ただし、確定発注とはいえ、自社の製品在庫に対する発注とは異なり、生産に要する時間（生産リードタイム）分の余裕がないと作れないため、かなり先の期間に納入する分の発注となります。たとえば、自社の販売計画が2か月先の計画で、それに基づく生産は1か月先を計画している場合、OEM先も2か月先を納期とした発注になります。

ここで、少し問題が生じます。自社の在庫分を生産するのであれば、自社リスクとして2か月先でも計画生産することは可能でしょう。売れ残りで在庫が余ったら、自社の責任で処分すればよいし、読みがはずれて売れすぎて欠品しても、自社の責任です。

しかし、OEM先は、他社の生産した製品を購入しているので、数か月先の不確定な需要にもかかわらず確定発注してリスクを負う現在のやり方をやめたいと考えます。そこで、OEM先の発注が、変更やキャンセル可能な発注になっていたり、「発注」という名の単なる予定でしかなく、直近の納入指示が引取責任のある実質的な発注だったり、いろいろなケースが出てくることがあります。

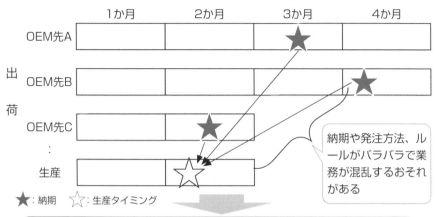

- OEM先が増え、会社ごとに納期や発注のルールが異なると、管理がたいへん
- OEM先の発注ルールがいい加減だと、急なキャンセルや約束を無視した突然の大量発注で、混乱に拍車がかかる

## 発注ルールの整理が大切

　OEM先の発注がバラバラだと、販売計画立案後の需給計画が混乱して、非常に難易度の高い需給調整業務が必要になってしまいます。どの需要に対して、優先的に供給を割り当てていくのかのルール化が難しくなり、毎回、随時の調整業務で忙殺されるのです。

　OEM先のルールが異なるのは、OEM先によってリスクの許容範囲が異なるからです。できれば生産者側にリスクを負わせたいのです。OEM先は顧客であるため、生産する側も立場上、ルール遵守を強く求めることができず、ルールがなし崩しになっていくことが多いものです。

　しかし、ここはSCMのキモの1つでもあります。顧客ではあってもOEM先の需要をマネジメントできれば、在庫リスクを減らしつつ売上げを上げることも可能なのです。

　方策としては、次項で説明する共同計画立案と、段階的な発注があります（本章3項も参照）。

# 3-7 適切な納期回答が売上げを伸ばす

在庫の有無にかかわらず、社内ルールは定めておく

## ◆納期回答は顧客満足に直結する

　納期回答は重要です。納期回答が迅速に、かつ、正確にされることは、競争優位に結びつくのです。

　たとえば、本です。最近は在庫があるとわかれば、注文に結びつきます。そのため、いまでは当たり前にインターネットで検索して、在庫照会と納期回答をとることができます。

　在庫がない場合は、まさに納期を回答します。納期の予定を答えることもあるでしょうし、確定の納期を回答することもあるでしょう。

　納期の予定がきちんと答えられるかが、注文に直結している業界もあります。答えられないと、注文がもらえないのです。この場合は、どんなことをしてでも、迅速に正確な納期を回答する業務の仕組みを作る必要があります。

　また、注文に対して、確定納期を返すことが必須になっている業界もたくさんあります。第1章11項で説明したように、修理用部品を待っている顧客にとっては、いつ部品が届くかは絶対必要な情報です。修理の予定もあります。いつ生産ラインが復旧できるかはもっと重要です。納期が正確でないと、大問題になります。

　確定納期回答の例は、あちこちに見られます。新車の納車される日、スーツが仕立て上がる日など、納期回答の精度は、顧客満足に直結するのです。

## ◆納期回答は意外と難しい

　普通に考えると、「納期回答ぐらいできるだろう」と思うかもしれません。ところが、迅速に、正確な納期回答を行うことはなかなか難しいのです。在庫がある場合とない場合で考えてみましょう。

### ◀正確な納期回答で競争力をアップする▶

| 正確で迅速な納期回答 |
| --- |

⬇

| すぐに、手に入るか？ |
| --- |
| いつ、手に入るか？ |
| 数量は十分確保できるか？ |
| 納期は確実か？ |

⬇

| 顧客の需要を充たせる |
| --- |
| 顧客の計画の見通しが立つ |
| 顧客の受入れ計画が立つ |

⬇

顧客が安心して購入できると判断し、
受注を確保でき、売上げは増加する
↓
競争力が高まる

| 納期回答が厳しい事情 |
| --- |

- 在庫があっても、取り合いが生じる場合、在庫が回してもらえるかどうかわからない
- 在庫があっても、特定の顧客用に確保されている場合
- 早い者勝ちで引き当てられる場合、先の日付の出荷でも在庫を押さえられてしまう
- B級品で、品質管理部が許可しないと出荷できない
- 生産計画の遵守度合いが悪く、計画どおりに生産されない
- 飛び込みの特急オーダーが生産され、当初の計画が無視される
- そもそも、在庫や生産計画情報が開示されない
- 調達状況や工場の能力がわからない

第3章 ● SCMは販売計画からスタートする

　在庫があるのに納期回答が難しくなる理由の1つに、「どの顧客に出すべきか」と、人間の判断が入ることが挙げられます。この場合、まずは機械的な引当てルールを決めて、特殊な場合だけ人が判断するように業務設計すべきです。

　また、機械的な在庫の引当てルールがあっても、在庫がすぐ引き当てられて、出荷可能在庫から消えないと問題が生じます。在庫があると思ったのに、先に注文したほうに引き当てられ、気がつくと入荷待ちにされていたりします。この辺は、システムの引当て処理のリアルタイム化が必要でしょう。

　在庫がない場合は、どの生産計画で対応するか、もしくは追加生産をするのか、生産能力と部品や原材料の調達可能性を検討しなければなりません。実は、ここがもっとも難しいのです。通常は第1章10項のD社のように、情報のバケツリレーのようになっていて、誰も需要と供給（生産・調達）の全体像を把握していないため、混乱した業務プロセスになっているのです。

73

## 3

# 8 セールスパイプライン管理と SCMの連携

商談プロセスの進捗をSCMと同期させる

### ◇ 商談プロセスではセールスパイプライン管理とSCMの連携が重要

　需要予測や販売計画がスタート地点となって、SCMの計画業務ははじまります。流通業や、一般消費財などのいわゆるB2C（Business to Customer）製品を扱う製造業と、汎用的な生産財や汎用的な部品などを製造・販売するB2B（Business to Business）品の製造業では需要予測や販売計画を立案して、それ以降の需給計画に連携します。こうした企業は毎月、販売計画をローリングしながら計画立案します。

　一方、顧客仕様に基づく特注品や、顧客仕様の確定後に設計・生産する製品を扱うB2B品の製造業は需要予測や販売計画を立案して終わりではなく、商談が確定したタイミングで初めて仕様が確定し、それとともに生産と調達も確定します。商談が確定したあと、契約や顧客からの発注を受けて生産して顧客に製品を届けます。

　もし、十分なリードタイムがあるのなら、商談確定、もしくは契約や受注のあとに調達し、生産しても間に合うので、販売計画はあくまで販売管理上の目標として機能し、生産・調達にはあまり影響を与えません。影響を与えるとすれば、工場の人員計画や設備投資計画などでしょう。

　一方、商談確定、もしくは契約や受注のあとに調達や生産に着手していては納期に間に合わない場合は、確実な注文がなくても、リスクを負って先行調達や先行生産を行わなければならないときもあります。

　この場合、商談プロセスの進捗状況を常に監視し、進捗に応じて、調達指示や生産指示の判断を行う必要が生じます。**商談プロセスの管理が重要になる**のです。

　商談プロセスは、一般的に言って「企画・提案」−「引合い」−「要件検討」−「見積もり」−「内示」−「確定」−「契約・受注」というステージをたどっていきます。このプロセスがあたかも「引合い」からはじまって、

74

**◀セールスパイプライン管理とSCMの連携▶**

商談はステージが進捗するにしたがって減っていく。
したがって、常に受注=売上げを増やすには、以下の点が大切

①企画を増やし、引合いを増やす（案件を増やす）
②確実に商談を進捗させる（商談を停滞させない）
③商談進捗し、受注に至る確度を上げる（取りこぼしを減らす）

ステージ

セールスパイプ
ライン管理　　企画・提案　引合い　仕様確認　見積もり　内示　確定

SCM　　　設計の標準化
　　　　　　調達リスク低減　　コンカレント
　　　　　　　　　　　　　　エンジニアリング
　　　　　　　　　長納期品調達
　　　　　　　　　製造方法の選択

「契約・受注」そして最後に「売上げ」までつながるパイプラインのように見えるので、**セールスパイプライン管理**（以下、「パイプライン管理」という）と呼ばれたりします。

## ◇商談プロセスの進捗に応じた生産計画と購買計画の連携

現在、セールスパイプライン上のどのステージにあるのか、商談を勝ち取る確度は高いのか低いのかを確認して需給計画を立案し、商談確定時に即、生産できるように準備します。逆に、商談ステージ管理を行っていないと、こうした連携がうまくとれず、生産が間に合わなくなったり、商談敗戦に気づくのが遅れて不要な調達をしたりして、損失を被るのです。

たとえば、天然原料を使う化学品を作っている企業があるとします。自社の製品製造は1か月くらいでできますが、天然原料の調達に3か月かかります。商談がスタートして、自社の化学品が採用されるかどうかはコンペティションの結果次第です。コンペティションに勝てば1か月で納入要求を受けます。したがって、勝敗が決する3か月以上前に天然原料を調達しなければならないのです。

勝った段階で原料を調達していては製造が間に合わないので、クレームになります。しかし、負けに気がつかずに調達しては大損です。商談進捗を管理し、調達や生産と連携することが必須なのです。

## ◇ 商談管理とSCM・設計連携がコンカレントエンジニアリングを促進する

パイプラインが管理できれば、設計と組んで商談プロセスに沿った設計、生産、調達が連携して、ボトルネック設備を避けた作りやすく低コストな製造方法や、調達リスクが少なく安価な購買品の選択が可能になります。

通常、設計部門は生産・調達部門との連携が弱く、設計後に、作りにくい、工数がかかってコスト高、調達しにくい、価格が高いと問題になることがあります。しかし、商談の早期の段階から営業、生産、調達、設計の各部門が連携して仕様や製造方法を検討し、原材料や部品の決定、サプライヤー選定を行っていければ、まさに各組織を同期させて設計する**コンカレントエンジニアリング**が成立し、低コスト・低リスクで、必要十分な品質とリードタイムを事前に設定できるようになるのです。

第 **4** 章

# とても重要な需給計画

# 4

## 1 需給計画とはそもそも何か

### 生産、調達、販売の「扇のかなめ」

#### ◇ 需給計画の存在意義

　需給計画とは、販売計画をベースに在庫計画と供給必要数量を計画することです。需要と供給をマッチさせる在庫数量を計画し、生産と調達への要求を決める業務です。

　この業務は非常に重要です。需給計画は、第一に**在庫数**（すなわち、会社の棚卸資産）の規模を決め、かつ、売ることができる製品数を制約し、売上げの上限を決めてしまいます。売上げを規定するといっても過言ではありません。

　需給計画は、第二に、**生産規模**も決めます。各販売拠点や倉庫に必要な在庫を計算し、生産数を決めます。すると、生産のために必要な設備の能力、作業者の数が決まり、工場の収益を決めるのです。さらに部品の調達規模もここで決まります。

　一方で、過去の需給計画での意思決定が生産能力や部品の調達数の制約になっていることがあります。たとえば、設備投資が3か月前の需給計画で決定されていると、今月の需給計画で急に生産要求数を増やしたくとも、変更できないときがあります。

　第三に、**供給の配分数**も決定します。なんらかの理由で生産できない場合、各拠点に配備したい在庫数を検討し、各拠点への配分数を計画するのです。**配分計画**には、各拠点の「売り玉＝販売可能数」を決める重要な役割があるのです。

#### ◇ 需給計画の担い手の問題

　需給計画は、販売数の上限、要は「売り玉」を決めるという意味で、販売側に大きな影響をもたらします。一方で、生産や調達の規模を決めるという意味で、供給側にも大きな影響をもたらします。需給計画は、会社の

78

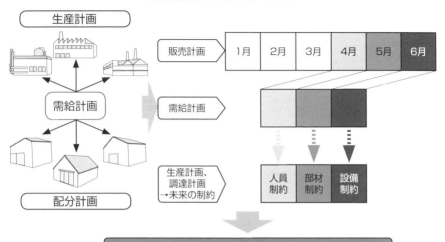

収益構造そのものを左右する業務機能ともいえるのです。まさに販売と生産・調達の「扇のかなめ」なのです。

　しかしながら、こうした重要な業務が、意外となおざりになっていることがよくあります。営業は販売の目標管理をするだけ、生産機能を持つ工場はいわれたとおりの数量を作るだけ、在庫の取り合いや配分は早い者勝ち、声の大きい組織が優先、などの都度業務で行っている会社も珍しくありません。こうした会社は需要と供給をつなぐことに重要性をおかず、常に欠品と過剰在庫で大騒ぎしているはずです。

　業務の実行や意思決定を、一担当や一部署に押しつけている会社もたくさんあります。しかし、需給計画は単なるオペレーションではなく、意思決定の影響を受けるのですから、もっと重要な業務としてマネジメントが参加する必要があると思います。

　いままで需給計画は作業の1つと考えられてきましたが、会社の収益管理上、とても大切な仕事として急浮上してきています。未来の生産能力や部材の制約を決め、結果として販売可能数を決めて、収益に影響を及ぼすからです。

# 4
## 2 PSI計画が決定する需給計画

生販在、仕販在の拠点を「見える化」してコントロール

### ◇PSIとは、いわゆる生販在計画と仕販在計画のこと

　PSIとは、**生販在**（生産－販売－在庫）**計画**、**仕販在**（仕入－販売－在庫）**計画**のことです。生販在（生産－販売－在庫）計画の場合は、P：Production、S：Sales（またはShip）、I：Inventory（在庫）を表し、仕販在（仕入－販売－在庫）計画の場合は、P：Purchase、S：Sales（またはShip〈出荷〉）、I：Inventoryを表します。

　PSIという名称の発祥は日本で、いくつかの電機メーカーが最初に使いはじめました。現在では、多くのメーカーでこの言葉を使うようになりました。

　**PSI計画**とは、月次販売計画、もしくは週次販売計画を基点に、その月、または週の販売数を充たすように在庫数を計画し、その在庫を保持するために、いつ、いくつ、生産、または仕入れればよいかを計算することです。

　計画的に在庫配置を考える対象拠点となるPSI拠点（別名、「計画在庫拠点」という）は、営業所の倉庫だったり、大型のセンター倉庫やデポだったり、工場倉庫だったりします。これら倉庫にいつ、いくつの在庫を用意すべきかを計算するのがPSI計算です。PSI計算は、PSI拠点間で連鎖されます。営業倉庫でPSI計算し、そのP（Purchase）がセンター倉庫のS（Ship）に連鎖するのです。

### ◇PSIの「見える化」と需給計画が高収益のカギ

　PSI計画は、単純に在庫の仕入計画、あるいは生産要求数を計算する生産計画と考えてもかまいません。単純な数字の羅列に見えるかもしれませんが、PSI計画は、あらゆるPSI拠点の販売計画、出荷計画と在庫計画、仕入計画、生産計画をつなげて「見える化」して、サプライチェーンをマ

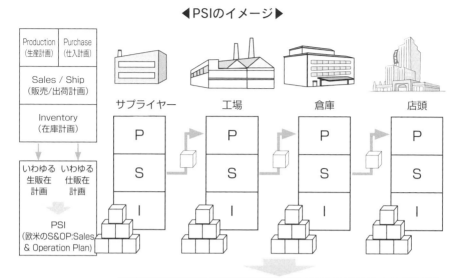

ネジメントできるようにします。

　たとえば、タンクとパイプの中を液体が流れていても液体の流量が見えないと、管理できなくなります。

　そこで、状況をメーターや目視で「見える化」して、タンクに貯めるべき量と、パイプに流す量とバルブを開くタイミングを決めるのです。

　タンクはPSI拠点、パイプはPSI拠点間のP-Sのつながり、液体は製品のたとえです。バルブを開くとは、計画数を意思決定し、拠点間で在庫を動かす数とタイミングを決定することです。

　PSIの流れを「見える化」し、少ない保管数で効率的に製品供給できれば、資産効率が上がります。さらに、在庫を減らせれば、倉庫設備も小さくて済み、変動への対応力も上がります。

　PSIを「見える化」し、需給計画を高いレベルで行うことができれば、高収益のサプライチェーンをマネジメントしていけるのです。

# 4
## 3 需給計画は 在庫コントロールの司令塔
計画立案担当者には重い責任と大きな権限を持たせる

### ◇担当者ベースの需給計画の問題点

　需給計画では、在庫計画が中心軸になります。販売を充たす在庫計画を立案し、こんどは逆に制約を加味して在庫の配分計画を立案します。需要の流れである在庫計画と供給の流れである在庫の配分計画を、売上げと利益を最大化するように、うまく整合することを狙うのが需給計画です。

　在庫がどう配分されるかは、各拠点にとっては重要な問題になります。もし、供給に制約があって在庫が配分される場合、いくつ配分されるかがそのまま売上げの上限になるからです。

　在庫の配分数が売上げを制限してしまうのであれば、各拠点の責任者は、できるだけ多くの在庫を確保しようとするでしょう。横並びの各拠点間で在庫の争奪戦が起きます。今度は、配分を決めた担当者に対する配分数の増加の依頼や攻撃がはじまります。需給計画担当者は非常なプレッシャーを受けながら毎回、都度対応で、なんとか需給計画を「やっつける」ような状況に陥ります。

### ◇需給計画の組織化、もしくはマネジメント層参画の必要性

　在庫の配置は、会社の売上げと利益を決めてしまいます。そのような重要な事柄を、一担当や一部署の業務"処理"のように実施していては、収益性も資産効率性も向上しません。したがって、需給計画での意思決定には、マネジメント層が意思決定できる仕掛けを用意する必要があります。そのための方法は、需給計画業務を実施する組織を設立するか、需給計画決定時に需給会議を開催して事業に責任を持つマネジメント層に決裁を受けるかです。

　需給計画業務を実施する組織には、在庫と収益に対する責任と意思決定する権限を持たせることになります。ただし、この方法はなかなか難し

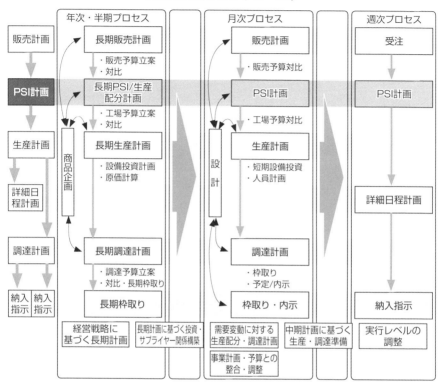

く、現場の状況を知らない組織の決定指示は嫌われるので、組織だけでなく、会議などでマネジメント層の意思決定の業務プロセスもあわせて定めておくべきです。

　会議でマネジメント層に決裁を受ける方法は受け入れやすい方法でしょう。ただし、事業に責任を持つ高位のマネジメント層の決定であるべきです。場合によっては、海外販社などを統制する必要があるからです。

　また、各販売組織にとっては、「売り玉」に制限を受けたり、工場にとっては原価が上がっても生産を止める指示が届いたりします。収益の影響を受ける組織に対しては、決定の理由を明確にして伝達しておく必要があります。

# 4

## 4 在庫管理の理論に引きずられない

SCMは前後の業務との連携なくして語れない

### ◇「経済的発注数量」は使われていない

　最適な在庫数量を計算する考え方は古くからあります。その中でも、経営工学で最初に聞かされるのが「経済的発注数量」でしょう。経済的発注数量は、発注回数（発注費用）と在庫数量（在庫維持費用）のバランスをとり、費用が最小化する発注回数を見つけようという考えです。

　ただ、この方法を使っている会社はおそらくないでしょう。出荷は変動するので、全体需要数量を予測して、たとえば、年に何回発注するかなど事前に考えることはあまり想像できません。

### ◇定期定量、不定期定量、不定期不定量、定期不定量

　在庫管理だけを他の業務と切り離して議論すると、よく定期定量、不定期定量、不定期不定量の発注方法が出てきます。こうした分類で議論するのは、SCMでは時代遅れです。需要の変動と業務サイクルをどう効率的に組み上げていくかを議論している世界で、前後の業務と切り離して、在庫管理部門だけで閉じこもって補充のタイミングと必要数量計算の議論をしても、SCMは構築できないからです。

　とはいえ、考え方として整理してみましょう。

　簡単なところでいうと、不定期定量の発注方法があります。これは「**ダブルビン法**」などとも呼ばれます。2つのビンを用意し、1つのビンが空になったら発注する方法です。この方法は需要変動にさほど関係なく、かつ、いつでも手に入る安価なモノの発注で使える程度です。

　また、不定期不定量の方法もあります。発注点を決め、発注点を割った段階で発注数を計算する方法です。計画的な発注というよりも、都度補充が必要な場合に適合していると考えられます。

　定期不定量が現在の大勢です。計画業務サイクルが決まっており、いつ

84

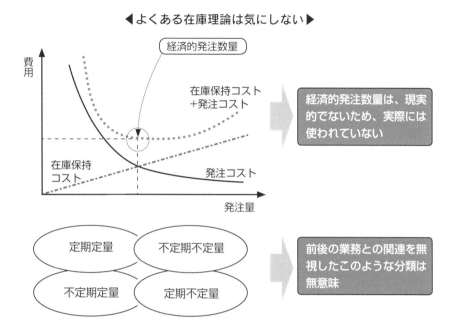

発注するかが決まっていて、必要な在庫数量を計算する方法です。

　補充型で、短サイクルで発注（補充）する場合は不定期不定量、計画に基づく発注などで、業務サイクルが決まっている場合は定期不定量が最適と思われます。

## ◇適正在庫の計算方法

　適正在庫の計算方法もたくさんあります。適正在庫計算は、需要予測とは切り離し、予測や販売計画などの需要をまかなう在庫を計算することです。需要を充たすための在庫計算は統計的な計算方法を使います。欠品するリスクを考えた安全在庫を合算して在庫の必要量を計算します。

　あるいはリスクを事前に考慮し、簡便型で、需要の何日分などという形で、最大在庫数を決めて、そこまで発注しようという方法もあります。需要を充たす必要在庫数量を計算する方法は必要であり、使うべきです。ただし、どの方法がよいかは慎重に調査、選択すべきです。

# 需給計画で見るべき制約条件とは

物理的、時間的にネックとなるものなどが存在する

## ◇制約条件とは何か

　生産や調達、輸送などに関して、要求を実現できないケースがあります。たとえば、販売側がある週に1,000台の生産依頼を出したとしても、その要求どおりにこなしきれないことがあるのです。こうした要求どおりにできない原因を生んでいるのが、**制約条件**です。この例ならば、製造現場で1週間で作れる台数の上限が700台であるなどの生産能力、もしくは、部品や材料が700台分しか調達できないという調達数の制限などです。

　制約条件には生産能力、部品、原材料の数量だけでなく、輸送数量の上限、倉庫などの保管数量の上限などの物理的な制約があります。

　賞味期限や使用期限などの時間的制約もあります。たとえば、大量に在庫しても、使用期限になると使用不可能になるため、一度に調達できる数量や保管できる数量が制限されることなどです。

　物理的な制約は、能力を上げる、スペースを拡大するなど、制約条件を拡大して解消することもできます。具体的にいうと、生産能力ではあふれた生産を外注に出す、足りない倉庫は借増しするなどです。しかし、時間的な制約条件は簡単に解消できない場合があります。賞味期限や使用期限が法律や各種規定で決まっているときには、どうしようもありません。

　SCMでは、制約条件を勘案して需給を調整していくのです。

## ◇需給計画で見るべき制約

　制約条件があるため、要求どおりの需要を充たせない場合、どのように計画に加味すべきでしょうか。

　まず考えられるのは、生産や調達からの供給回答を制約と見る考え方です。この考えであれば、需給計画時に見るべき制約は、工場や購買部からの供給の回答になります。この方法の利点は、実際に制約条件を管理して

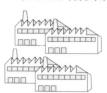

◀SCMは制約条件にしばられる▶

〈制約条件の例〉
- 物理的な制約
  生産能力（設備・人員・治具・工具・金型）、部品確保数量、原材料確保数、輸送数量の上限、倉庫などの保管数量の上限など
- 時間的制約
  賞味期限や使用期限など
- 法律上の制約
- 会社の方針・ルール

営業や販社の要求で1,000台ほしい

工場の生産能力上、700台しか作れない

↓

工場の生産能力が制約条件（ボトルネック）となって700台しか作れない
↓
700台しか需要を充たせない

〈需給計画で制約条件を勘案する〉

| | 生産や調達からの供給回答を制約と見る | 需給計画時に最初から制約を加味して立案 |
|---|---|---|
| メリット | ・責任が明確<br>・現場で確認されている（正確な制約把握が可能） | ・事前に計画されて早い |
| デメリット | ・供給回答に時間がかかる | ・責任が不明確<br>・現場確認は困難（正確な制約把握は困難） |

いる組織が制約を加味して計画を立案するので、計画の精度が高いということです。ただし、マイナス点としては、工場や調達からの回答に時間がかかる点です。確実に供給できるかどうかに影響する制約条件を1つひとつ確認するには時間がかかり、対応が遅くなります。

一方、需給計画時に生産要求や調達要求を出すタイミングで最初から制約を加味して立案するという方法もあります。この場合の利点は、制約条件に基づいた計画が迅速に立てられる点です。マイナス点は、工場や購買部のような本来、制約条件を詳細に管理している組織ではないメンバーが計画立案することによる精度の低下、役割や責任の不明確さなどです。

したがって、制約を考慮して計画立案する場合は、誰が責任を持って計画するのかを明確にする必要があります。制約を考慮することは、生産数量の意思決定と同じなのですから。

# 4-6 配分問題はマネジメント層が判断する

限られた在庫をどこに配るか

## ◆ 供給側の供給回答が需要を充たせない場合

需給計画でもっとも負荷が高いのは、供給側の供給回答が需要を充たせない場合に行われる「**需給調整**」という業務です。

需給調整は、限りある在庫や生産供給の取り合いなので、真剣に議論されます。欠品は顧客にも迷惑がかかるし、売り逃がしを減らせれば、売上げや利益の目標に近づいたかもしれないのです。

需要側は通常、営業や販社になります。営業組織や販社は複数に分かれていることが多く、あるいは海外販社や代理店が複数あるなどの理由で、限られた供給数量の取り合いになるのです。売上げに影響するため、経営的にも重要な検討事項になります。

したがって、供給に制限がある場合に、配分の計画を一部署や一担当者が行うことは困難です。利害が調整できないからです。

制約条件や突発事項により供給数量に制限が生じた場合、システムや担当による処理で結果がブラックボックス化したり、不公平感を生んだりしないように、マネジメント層の判断で、各組織へ配分する数量を決めます。

## ◆ 公平な配分はありえるか

いかに公平に配分するかは、立場によってそれぞれの見方があるので難しい問題です。

よく言われているのは、要求に対して均等に割り振る方法や、それぞれの拠点の在庫水準が同様になるように割り振る方法などです。一見、公平に思えるこれらの方法も、業務上のシナリオを考えていくと、そうでもないことに気づきます。

たとえば、要求に均等に割り振る場合です。もし、ずるい担当者なり販

社であれば、供給不足がわかった段階で、大きな数量の要求を出すでしょう。要求数量が大きいほど、多く配分されるのであれば当然です。つまり、まじめに必要数量を要求している担当者や販社より多く配分されるのです。これでは、まじめな担当者や販社は不公平に思うでしょう。

　では、在庫水準が同様になる方法はどうでしょう。この方法であれば、いくらたくさん要求しても、他と比べて在庫が増えることが見えてしまうと、配分数量が抑えられるかもしれません。しかし、この方法でも、販売量が大きい販社と小さい販社での欠品による影響度などで不公平感が生じます。大きい販社なら、数台の在庫切れは全体量の一部ですが、小さい販社では取引先一社を失う可能性もあるのです。

　このように、業務のシナリオや立場がちがうことで、どうしても不公平感は生じます。したがって、配分時の目指すべき方針を明確にし、最後はマネジメント層が判断や指示を出すべきです。

# 需給計画をS&OP計画に進化させる効果

生販（需給）の統合管理により企業収益は劇的に向上する

## ◇ PSI計画を進化させたS&OPとは何か

　第4章2項で「PSI計画が日本の需給計画の核になる」旨、説明しました。最近になり海外からこれと似たような概念が持ち込まれています。S&OP（Sales & Operation Plan）です。あえて日本語に訳すと販売・事業計画となるでしょう。

　本書では、SCMにおける需給計画が企業収益を決めてしまうと何度も述べていますが、S&OPは、収益を視野に入れて需給計画を決定していくプロセスを概念として整理したもので、PSI計画とほぼ同義です。

　なお、S&OPをセールストークに使うコンサルティング会社やシステムベンダーはS&OPが新しい革新的な概念のように紹介したり、「SCMは数量での計画、S&OPは金額での計画」などと喧伝したりして誤解を与えることもありますが、従来、日本が行っていたPSI計画と変わりはありません。

## ◇ S&OPプロセスが企業収益を決定し、企業戦略を実現する

　S&OPのプロセスは大きく5つに分かれます。第一が「企画・開発計画、終売計画の共有」です。新製品の企画・開発計画を共有し、製品終了指示を計画に織り込むものです。もし、開発が遅れているようであれば、既存品の販売継続の指示も必要になります。併せて計画の立案方針なども共有するプロセスになります。

　第二が「販売計画（需要計画）」です。販売計画の立案、販売計画に基づく需給計画のうえに仕販在計画を立案します。新製品計画や終売計画も織り込んで計画します。また、数量と金額を一体的にとらえて計画します。数量が予算達成していても、金額で予算達成していないと不十分な計画になるからです。価格の設定、粗利、販売費を確認し、営業利益の予算

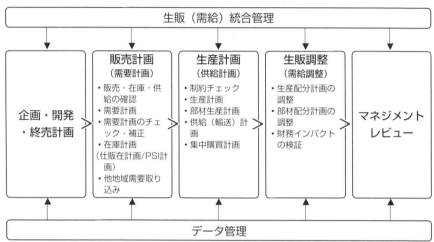

達成具合まで計画します。

　販売計画と仕販在計画は、営業の売る責任と製品在庫責任を明確にし、最終的には生販在計画へのインプットになります。

　第三が「生産計画（供給計画）」です。需給計画において生産・調達側に責任がある、生販在計画と生産計画、調達計画を立案します。供給計画は生産能力や調達制約があるため、その制約を考慮して計画を立案します。数量の計画だけでなく、工場稼働率の維持の可否、工場利益計画まで立案します。

　もし、生産・調達上の制約があって販売計画を充足する供給計画ができない場合には、第四の「生産調整（需給調整）」で調整します。供給制約があると、供給配分上の問題が起こります。営業の売り玉に影響し、企業収益に影響するので、数量と金額で確認して、もっとも収益性が高く、自社戦略に合致する調整を行います。能力不足の際の先行生産、能力過剰時の減産・休業などの決定も収益への影響を見ながら調整します。

　最後に「マネジメントレビュー」です。企業や事業のトップに計画を承

認してもらいます。企業収益に直結する計画であるうえに、需給調整結果によっては割りを食う部門が出てくるので、トップの承認と指示がないとモメるからです。

## ◇SCM組織とSCMシステムの必要性と予算システムとの連携

このようなプロセスを回すために、SCM全体を統括し、需給と統合して計画を推進する組織が必要になります。かつては、こうした業務が整理されないまま、組織先行でSCM組織を設定して失敗した企業がたくさんありましたが、きちんとプロセスを定義することで、SCM組織の必要性が明確になりました。

また、SCMシステムも自動化ではなく、各計画の可視化と連携が重要になります。需給計画は収益に直結するので予算管理システムとの連携も必要です。

## ◇日本企業は一度失った生販統合体制を再構築すべし

S&OPプロセスはPSI計画で述べた、販売計画から生産計画を統合・連動させて計画するプロセスそのものです。あえてS&OPという名前で逆輸入される事態が生じているのは、日本企業がこうした組織横断の計画立案の機能を喪失しつつあるからです。SCMは組織横断で計画を統合し、企業戦略を実行し、事業収益を決定する計画が重要なのです。あらためてPSI計画やS&OPを再構築する必要性が生じているのでしょう。

第 **5** 章

# SCMをスムーズに進める
# 生産計画

# 5

## 1 生産計画、MRP、製造指図の関係

### ステップごとの制約条件には注意が必要

#### ◇MRPと製造指図とは

　生産計画の概念は広く、生産をするための計画というとらえ方がありますが、MRP（資材所要量計算）はこの生産計画にも含まれます。

　ただし、SCMでの議論においては、生産計画とMRPの考え方はきちんと定義すべきです。通常、生産計画の定義は多岐にわたるので、ここでは最終製品の完成計画を生産計画と呼びましょう。

　**MRP**とは、Material Requirement Planningの略です。対象は最終製品の需要に紐づいた「独立」需要品目と、最終製品を作るために必要な部品や材料となる「従属」需要品目に分かれます。独立需要品目はたとえば、テレビ、自動車などの出荷可能な形の品目です。従属需要品目は、テレビを作るための液晶パネルやフレーム、自動車を作るためのエンジンやシート、ハンドルなどの各種部品です。

　MRPでは、生産計画で完成が必要な数量を独立需要品目の数量とし、その数量から、従属需要品目を展開計算します。たとえば、1台の自動車であれば、エンジンは1個、シートは4個、ハンドルは1個必要だと展開するのです。このように必要な従属需要品目（資材）数を計算するので、「**資材所要量計算**」と呼ばれます。

　独立需要品目の完成指示とMRPで展開された従属需要品目の製造指示が**製造指図**になります。

#### ◇単に数量を計算するだけでは足りない

　MRPで、従属需要部品の所要量を計算し、製造指図も発行されますが、実際は、必要な数をそのまま作れるわけではありません。生産できるだけの設備の空きや作業者など、十分な能力があるか、従属需要品目を生産するだけの調達部品や材料の数量は十分かを検証します。

94

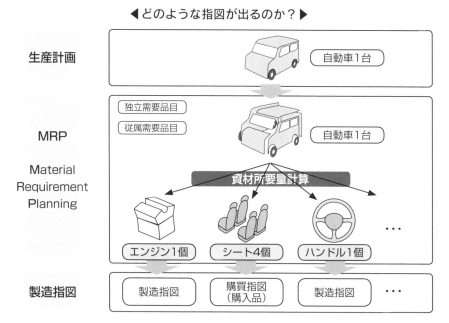

　ステップで描くと、生産計画は、独立需要品目の完成計画の立案、MRPによる従属需要品目の展開、各種制約条件のチェック、製造指図の発行とつながっていきます。各種制約条件のチェックのタイミングに合わせて、時間単位の製造順序計画を立案する小日程計画（本章4項を参照）を立案して、制約チェックを同時に行うこともあります。

　単純に生産計画を立案するといっても、こうしたステップがあるのです。したがって、SCMを構築するときの議論で、生産計画という言葉が出てきた際には、どの範囲の業務を指しているかを確認する必要があります。世界標準の定義があるのではなく、会社によって、各社各様の定義や認識があるからです。

　もっと言ってしまえば、担当者ごとに指している内容がちがうことさえあります。生産計画、MRP、製造指図のそれぞれ鍵となる言葉を使って、議論できるようにしておきましょう。

# 5 2 制約条件を踏まえた生産計画

品目・設備・拠点の「特性」への配慮が欠かせない

## ◇ 生産計画のバラエティを生み出す「特性」とは

生産計画は、生産する数量に制約条件を加えて立案するものです。

しかし、この制約条件は、単に生産するための設備の能力や調達部材の数量だけではなく、もっとたくさんあります。品目の特性や設備の特性、拠点の配置特性などです。

たとえば、品目の特性が制約条件になるものとしては、医薬品が挙げられます。医薬品は品質に関する法的な取決めが厳しく、同じ原料でも、作ったタイミングがちがう原料を混合して製品を作ってはいけないとされています。そうすると、100個ほしくても50個分の原料しかない場合、まず50個を作り、次の原料が仕上がった時点で別に50個作ることになります。

設備の特性について言うと、炉があります。炉は一度にいろいろな品種を投入できるため、同じ設備の能力を同時に使えます。

大型設備は、作る品種を切り替えるときに、付帯設備を変えたり、洗ったりする段取りに長時間かかる一方で、人手による組み立ての場合は、品種切り替えがすぐできるなどの特性があるのです。印刷や粉体の生産がある場合は、こうした段取りが大変なので、一度にまとめて生産します。

こうした特性による制約条件を踏まえて、適切な生産計画を立てます。

## ◇ 完全なプル型生産ができない理由

全生産計画をプル型にして、「必要なときに、必要な量だけ作るための」システムを入れた会社も多くあります。しかし、設備能力が無限大にあって、いつでも好きなときに、好きなものを作れるのであればよいでしょうが、現実はちがいます。

こまめに品種を切り替えて、1日のほとんどが段取りになって、まったく生産量を充たせなくなってはSCMの意味がなくなります。巨大な設備

## ◀生産計画の立案時に考慮すべき「特性」▶

**設備特性**
- 炉、タンクなどバッチサイズ[*1]がある設備
- 段取りが長時間かかる設備
- 複数面取りなどのマルチタスク[*2]設備　など

**製造特性**
- 何度も同じ設備を通過するもの
- 作業の前後関係で段取り時間が変化するもの
- 作業者の能力に影響されるもの　など

**物的特性**
- 爆発性、揮発性など物的安定性が低いもの
- 気温・湿度に影響を受けるもの
- 歩留まりが極端に低いもの　など

**法的特性**
- ロットナンバーを引き継いでいくもの
- コンタミネーション[*3]が許されないもの
- 製造量、タイミングが法律でしばられるもの　など

*1 バッチサイズ：一度の処理量が決まっている場合のそのサイズ
*2 マルチタスク：機械に一度にいくつもの仕事をさせることができること。多面取りのマシニングセンターなど
*3 コンタミネーション：ある物質同士が交じり合うこと

を無尽蔵には持てないため、いかに効率的に生産に活かしていくかを考えなければなりません。

そもそも生産には時間がかかり、能力にも限りがある中で、多種多様な品目の生産をしようとすると、どこかで先行生産した在庫を置いておくバッファ（緩衝点）となるポイントが必要になります。

これが医薬品であれば、中間体としての製剤バルク、もしくは充填・包装前の在庫だったり、コピー機のインクであれば、ボトル詰め前の粉体バルクだったり、機器であれば半製品だったりするのです。つまり、これらが最終製品の需要情報（受注など）によって、生産がはじめられる前の事前在庫ポイント（バッファ在庫ポイント）であるデカップリング・ポイントになるのです。

デカップリング・ポイントは、戦略的にも決められますが、制約条件に対応するためのバッファとして決められることもあります。デカップリング・ポイントまでは予測や計画主導で生産され、在庫になるのです。

# 5-3 特性に合ったMRP、製造指図が必要

制約条件に注意してマネジメント層が判断する

## ◇ MRPの回し方、製造指図の出し方のルール化

全工程をプル型で計画せず、制約条件を考慮したバッファまでは計画主導で事前準備しておくことが肝要です。

この場合、MRPの回し方や製造指図のきり方も、受注に基づく業務のときとおのずとちがいが出てきます。

先行生産する工程に対しては、先の期間の生産計画に基づいて長い期間のMRPを回します。このとき、最終工程の必要数量はあくまでシミュレーション上の数量です。一方、従属需要品目のなかで事前にバッファ在庫として先行生産すべき品目は、先の期間の計画に基づくMRP計算後、必要な数量を製造指図として発行します。

前項の製薬業の例で説明しましたが、製剤バルクは1回で生産しなければならず、しかも、混ぜ合わせてはいけないという制約があります。そして、タンクでまとめて作るため、製剤バルクの製造指図は先行で発行し、先行で生産します。

このバルクが、最終製品の生産必要数量を充たせない場合、まず先行ロットナンバー分を使い、足りない分で別のロットナンバーを付けて新しいバルクを作って使います。最終製品の製造指図もバルクのロットナンバーを引き継いで分割しなければなりません。特性により、MRPや製造指図もこうした複雑な業務になり得るのです。

## ◇ 先行生産はマネジメント層が判断

製造指図を発行するということは、実際にモノができてしまうということで、財務的な影響が出てきます。また、生産に使った部品や原材料、倉庫保管料、給料の支払いなどの費用も発生してきます。

受注や最終組み立てに紐づいた生産であれば、会社として組織間の合意

98

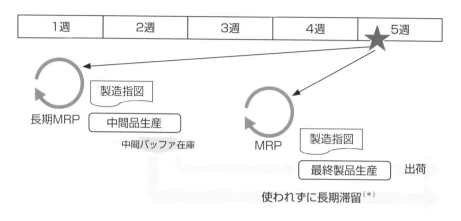

* 誰が最終的に製造を承認し、残った場合の責任を誰がとるのかを明確にしておく必要がある。工場が他社の場合、引き取り責任が生じるが、自社の場合、曖昧な取決めでうやむやになったり、その都度もめたりするおそれがあるからだ

のもとで正式に製造指図が出るでしょう。しかし、先行で製造指図を発行する場合、その元情報は先の期間の計画情報であり、実際の引取りが保証されるものではありません。

問題は、もし、先行で生産して仕掛在庫となったモノが使われずに余った場合、また、使われずに長く滞留した場合、その期間は資金が在庫になって寝てしまうことに対する責任は誰がとるのかということです。

このようなことが判断できるのは、やはり生産管理部長や工場長などのマネジメント層です。先行生産の指図の承認を必ずマネジメント層が行うようにしないと、一担当者の判断で先行生産を指示するような形態では、後々問題になります。

同じ会社の中の販売と工場の関係であれば、余った仕掛在庫もなんとか処理できるでしょう。しかし、工場が別会社だった場合は大変です。この場合、生産の制約は、他社に生産委託していることであり、他社の生産ラインを間借りするので、それに合ったマネジメント体制を構築することが必要になるのです。

# 5

## 4 小日程計画の位置づけ

実際に"製造できる"計画を立てることが必要

### ◇小日程計画とは

　MRPによって製造指図が出ます。しかし、製造指図だけで全製品の生産が可能かというと、そうではありません。製造指図には、必要な生産数量と完成納期が書かれていても、設備やラインの負荷状況を考えていないのです。

　実際に同じ設備やラインを使って多くの品目が作られるので、製造指図が立て込むと、設備やラインの取り合いが起こります。また、いくつかの品目をある順番で生産することになるのですが、このとき、設備やラインは付帯設備を取り替えたり、洗浄したりする「段取り作業」が発生します。効率的に設備が使えるように生産順序を考えて、段取り時間の少ない計画を立てる必要が出てきます。

　こうして、限りある能力を最大限に活かし、納期に間に合わせるために立案する生産順序計画を「小日程計画」といいます。

### ◇段取りも時間を消費する

　小日程計画は、時間単位です。1日の中の稼働時間が能力の上限になり、その時間の中で生産できる数量がその能力を消費することになります。このときの時間の消費を計算するためには、生産品目を1つ作るのにどれくらいの時間がかかるのかという、生産の標準時間を求める必要があります。

　たとえば、1台組み立てるのに10分かかる品目Aは、10台作ると100分設備を占有し、能力を消費することになります。1日480分（8時間）稼動の場合、残り能力380分となります。Aを10台作った後、Bを10台作り、Bも同様に1台10分かかるとします。そうすると同じように100分消費します。380分から100分引いてあと280分残っていますが、実際はそんなに

100

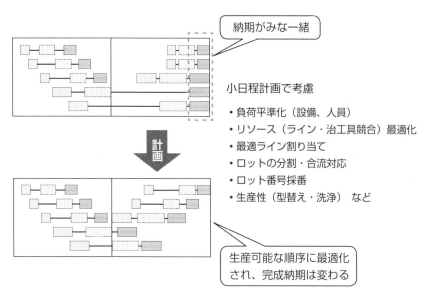

は残りません。品目Aから品目Bに切り替えるときに、段取り時間がかかるからです。設備についている治具・工具や金型などを取り替えるだけで40分かかるとすると、稼動時間は240分となります。ここまでで4時間が消化され、1日の半分が終わったことになるのです。

## ◇納期を守り、効率を最大化するような小日程計画が理想

　小日程計画は、納期を守るように組まれなければなりません。稼働時間中、設備や人が遊ばないように最大限能力を使い切るような計画が立案できれば理想です。単なる順序計画による段取り最小化だけでなく、まとめ生産をする、代替可能設備をうまく使うなどの方法でなんとか計画を立てます。

　実際は、会社ごとに複雑な制約があります。治具・工具や金型など特定の付帯設備の取り合いになって、ラインはあいているのに作れなかったりします。また、特定の熟練工しか生産できない品目では、熟練工の人数が制約条件です。さまざまな制約条件まで勘案することが必要です。

## 5 工場の在庫はステータス管理を

計画の精緻化だけでは処理できない問題がある

### ◇まず、在庫をきちんと認識する

MRPや小日程計画のシステム化が進み、高度な生産管理のマネジメントシステムができ上がったとしても、計画自体が足元から崩れる場合があります。在庫の認識の問題で、計画立案の前提条件が狂うことがあるのです。

在庫の認識とは、まず、きちんと在庫の現品管理がされているかどうかということです。たとえば、システムでは在庫があるものとして、生産の必要がないと判断したにもかかわらず、実際はその在庫は何らかの理由で存在しない、もしくは出荷することができない場合があるのです。そうすると、じつは生産して出荷すべきだったところを、そうでない計画を立ててしまいます。

逆のパターンとしては、実物の在庫があるにもかかわらず、利用可能な在庫として認識されず、システムにも利用可能在庫として登録されていないと、計画上その在庫は存在しないものとして扱われてしまいます。そうすると、本来必要でない生産計画や調達計画が立ってしまい、在庫が増えてしまうことがあるのです。利用可能な在庫かどうかを管理することを**ステータス管理**といいます。

じつは、こうした在庫のステータス管理のレベルの低さが問題になることがよくあります。莫大な金額でSCMシステムを導入したにもかかわらず、システムで認識される利用可能在庫と実際に利用できる在庫の数量に差異があると、せっかくの計画も使えないものになってしまい、その後時間をかけて人間が計画を手直ししていくという状況も生みかねません。

利用可能な在庫（出荷可能な在庫、生産ラインへ投入可能な在庫）をきちんと認識し、計画に反映しないと、計画そのものが成り立たなくなるのです。

102

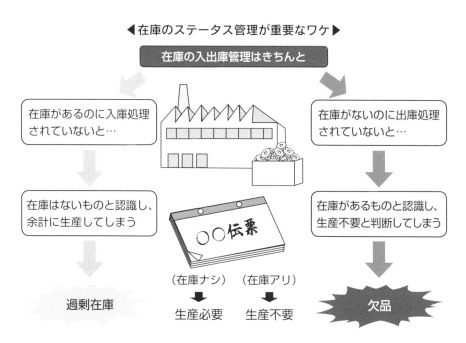

## ◆ 利用可能在庫はどれか、きちんと定義する

　いまでもまだ多くの会社では、在庫を把握するときに会計システムから認識するのではないでしょうか。通常、経理的に把握する在庫が、会社として認められた在庫であることが多いからです。そうすると、せいぜい月に1回締めることができるだけで、その間は在庫の入出庫で受け払い計算した仮の在庫になり、毎週、毎日、在庫をタイムリーに把握することができなくなります。計画に使う在庫をあわせるために、計画担当者があちこち調べて回るのが日常化していることでしょう。

　経理的な在庫とは別に、倉庫や製造現場では倉庫システムや製造実行システムで在庫が管理されているのが通常です。計画で使う在庫はこちらの在庫のほうが精度が高く、タイムリーに把握できます。

　在庫のステータス管理でもっとも大切なのは、**利用可能在庫の定義**です。品質の低いものをBランクとしたり、検査待ち出荷止めがあったり、利用できない在庫もあります。利用可能在庫をきちんと定義しないと業務が混乱します。

# 5

# 6 現場改善と在庫把握の関係

現品と同様に未来の在庫までを管理する

## ◇ 在庫の把握が正確であること

利用可能在庫についていくら定義と把握がきちんとされても、在庫そのものが管理されている現場の管理レベルが低いと、情報発生の源流から前提が崩れてしまいます。

したがって、製造や倉庫での現品管理と入出庫管理が重要になります。在庫が出庫されたら即、出庫が記録され、入庫されたら即、入庫が記録される。出荷されたら即、出荷が記録される。在庫管理場所に在庫が入荷されたら、即、入庫の処理を行い、入庫が記録される。入出庫が確実に管理され、かつ出荷時、入荷時にもすぐに処理されることが理想です。

特に**入庫処理が重要**です。入庫されないと、利用可能在庫に計上されないため、モノはあるのに、使えない、あるいはシステム上、情報として把握できないことになるため、計画に支障をきたすのです。一方、出庫のほうは通常、引当て処理後に出庫指示がかかるので、引当てさえきちんと行われていれば、計画上の利用可能在庫ではなくなるので大丈夫です。

ただし、この場合は引当て管理をきちんとしなければいけません。これができていないと、すでに引き当てて出荷先が決まっているのに、まだ誰でも利用できると思ってしまうからです。

## ◇ 工程管理、進捗管理がしっかりしていること

在庫が目に見える形で動いており、あとは入出庫処理をすればいい場合は、現品管理の世界なのでわかりやすいと思います。しかし、計画上、在庫管理は現品だけではなく、入庫予定という未来の在庫の管理もきちんとしなければなりません。

計画を立てるということは、たとえば、来週入庫される予定の在庫を元に、再来週に必要になる在庫を計算し、生産依頼したり調達計画を立てた

**◀在庫管理は基本中の基本▶**

### 入出庫管理・引当て管理

**入出庫管理の重要性**
- 入庫処理が遅れると、物理的にあるのにないものとして認識され、追加生産指示が出たり、逆に欠品ととらえ、生産ができなくなったりする
- 出庫管理が遅れると、物理的にないのにあるものと認識され、生産指示が出ずに欠品したり、あるものと思って立案した計画が実行不可能になったりする

**引当て管理の重要性**
- 引当て、物理的にないのにあるものと認識され、生産指示が出ずに欠品したり、あるものと思って立案した計画が実行不可能になったりする

### 工程管理・進捗管理

**工程管理の重要性**
- 工程が混乱して、計画どおりに生産ができないと計画そのものが大混乱する
- 結果的に納期が守れず、売り逃がしや顧客からの取引停止もあり得る
- 混乱の結果、高コストの生産になり、利益も圧迫する　など

**進捗管理の重要性**
- 進捗をきちんと管理しないと、どこで何が起きているのかの把握が後手になり、対応が遅れる
- 納期問い合わせに対して、迅速に答えられない
- 途中で緊急の変更があった場合、その影響を判断できず、意思決定が長引く　など

**工程管理・進捗管理はすべての基本**

> 基本に立ち返って、5S（整理・整頓・清潔・清掃・躾）も見直すこと！

りするわけです。そうすると、単にいまある在庫の管理精度が高いだけでは不十分で、未来の在庫である入庫予定の管理精度も高くなければ、計画が無意味になってしまうのです。

たとえば、来週100個生産されて入庫するので、再来週は生産しない計画を立てたとします。ところが、今週の製造進捗が遅れていたのがあとで発覚し、入庫予定日になっても入庫されない場合、大問題になります。入庫されるという前提での計画そのものが狂いだすのです。

したがって、約束したものは約束どおり生産されて入庫されることが必要で、そのためには、製造現場の工程がきちんと管理され、進捗管理がされることが重要なのです。

## ◇ 管理レベルを上げるなら"5S"を見直す

在庫管理、工程管理、進捗管理をきちんと行うためには、やはり、基本となる5S（整理、整頓、清潔、清掃、躾）が大切です。5Sがしっかりしていてこそ、管理レベルの話ができるのです。

# ——column——

## IoTによる効率化とビジネスモデルの変革

### 効率化、高度化、省力化は実現できるが、費用対効果は検討すべき

#### ■ IoTによる工程管理と生産管理の革新

センサーの価格が下がって製造設備へのIoT機器の導入が進んだことから、製造や品質に関わるデータ収集が簡単に行えるようになり、工程管理や生産管理の効率化に貢献しています。

出来高の自動収集、温度や圧力、回転数といった製造条件の自動取得、異常感知などがすばやくできるようになり、改善や異常対応へのスピードが劇的に上がっています。人の手作業によるデータ収集も不要になり、コスト低減やミスの削減に効果が出ています。

ただし、センサーだけではIoTシステムの構築はできません。工場内の通信ネットワーク、データのMES（Manufacturing Execution System）への収集、ERPへの連動、データの可視化・分析ツールBI（Business Intelligence）システムの導入といった投資が必要です。

IoTは工程管理や生産管理を劇的に革新するわけではなく、効率化、高度化、省力化ができるだけです。費用対効果の検討は必要でしょう。

#### ■ 納入した機器・車両の稼働管理からサービスビジネスへ

IoTは"売って終わり"ではありません。IoTは、顧客に納入した機器や車両についてリモート稼働監視によりリモート修理をしたり、稼働状況から使い方を指導したり、消耗品の補充や保守サービスの自動化も実現しています。IoTは、納入後も継続したサービス売上げを実現するサービスビジネスを構築するツールでもあるのです。

第 **6** 章

# 調達計画とサプライヤー

# 6
## 1 調達計画がQCDの鍵を握っている
### サプライヤーとの連携が必要不可欠

### ◇QCDの鍵を握る調達

　製造原価に占める外部調達部品の金額割合は相当なもので、たいていの組立系製造業の製品原価に占める自社内の付加価値を大きく上回っています。

　それだけ製品が高度化して、部品自体も高機能化してきているのです。また、こうした影響で、部品メーカー側が力を持っている業界もあります。パソコン業界におけるインテルなどはその代表でしょう。

　部品のQ：Quality（品質）とC：Cost（コスト）とD：Delivery（納期）は非常に重要です。部品が納期どおりに調達できないと、計画どおりに製品を生産できないので、顧客に迷惑がかかります。

　製品在庫と同様に、部品在庫も在庫削減の対象になっています。購入価格が高いのでそれなりに目立ちますし、改善が盛んな製造現場では、部品在庫削減の声は上がりやすいのです。その分、部品調達における納期管理が厳しく行われなければなりません。

### ◇サプライヤーに協力を求める

　かつては、購買部門のQCD管理は、サプライヤーを高圧的に指導して実施することがよくありました。しかし、製品の付加価値が部品によって左右されるようになるにつれサプライヤー側の力が強くなってきて、高圧的な指導は通用しなくなっています。高機能部品を持つサプライヤーは複数の取引先を持っているので、理不尽な顧客と我慢して付き合う必要もないのですから。

　QCDを高いレベルで維持し、顧客に適正な価格で、適正な品質で、適正な納期で届けるためには、サプライヤーの協力が不可欠です。

108

◀サプライヤーはビジネスパートナー▶

部品の高機能化で、サプライヤーが影響力を持ちはじめている

Quality 品質　Cost コスト　Delivery 納期

SCMでは特に"D"が重要

情報共有で"Win-Win"の関係を築く

- 計画情報共有
- 納期情報共有
- 計画業務の連携
- リスクの持ち合い
- 在庫情報共有
- 品質情報共有
- 実行業務の連携
- 共同商品企画・開発

## ◇ サプライヤーはパートナー

　コストダウンの強制、品質向上への圧力、理不尽な短納期の要求などの敵対的な対応は、いまでは通用しません。サプライヤーは事業の成功に向けて、必要欠くべからざる存在なのです。そうであれば、どちらかが得をして、どちらかが損をするような"Win-Loose"の関係では、長期的、安定的な協力関係は維持できません。**お互いが得をする"Win-Win"の関係を築かなければなりません。**

　そのためには、"サプライヤーはパートナーである"という考え方に基づいた関係構築が必要ですし、SCMの観点で言うと、情報共有は当然として、業務プロセスの密な連携が重要になります。リスクをどう負担しあうのかという、契約上の連携も必要です。

　SCMの観点で、サプライヤーと実施すべき情報の共有とは、計画情報、在庫情報、納期情報、能力情報、品質情報の共有です。また、業務プロセスの連携では、計画業務の連携、実行業務の連携などです。

109

## 6
## 2 制約となる部材の調達計画

部材のコントロールは最重要課題の1つ

### ◆制約部品をマネジメントする

　さまざまな部品があります。生産を行うタイミングで、調達可能な部品はたくさんあります。また、汎用部品なら、ある程度努力すればどこからでも手に入るということもあり、さほど調達に神経質になる必要はありません。

　しかし、なかにはどう頑張っても、納入段階で数量を増やして手に入れることが不可能な部品があります。たとえば、ある製品に紐づいた専用部品です。専用部品のため、サプライヤーも受注を受けてから指示数だけ作るため、急に必要になってもすぐには作れません。生産リードタイムはどうしてもかかりますし、専用部品では専用の原材料を使ったり、専用の金型を使ったりするので、原材料調達、金型準備などそれなりに準備が必要になります。

　また、汎用部品でも、サプライヤー側の生産能力に限りがあったり、生産される汎用部品が市場で取り合いになっている場合も、すぐには手に入りません。高機能の部品、たとえば、パソコンのCPU（中央演算装置）や液晶パネル、ハードディスクドライブなどです。

　手に入りにくい部品は、生産数の制約になります。いざ生産しようとしたときに必要な数量を確保できないと、納期どおりに製品が生産できず、結果的に売り逃がしを生じ、会社に損失を与えます。制約部品のマネジメントは不可欠な重要業務なのです。

### ◆制約部品はサプライヤーと連携する

　専用部品も汎用部品も安定的に調達するためには、発注して納入してもらうだけでは、ＳＣＭの業務レベル的にはまったく不十分です。

　専用部品であれば、発注して納入されるまでには長いリードタイムがか

110

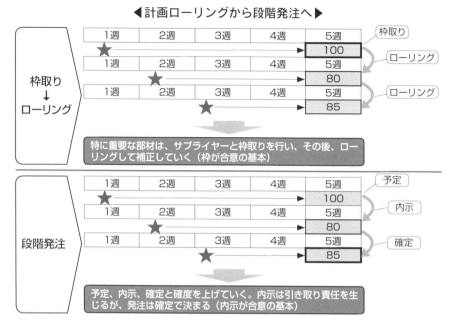

かることがあります。数か月前の発注では、実際の生産時に増産要求されても、生産できません。逆に、見込みより売上げが落ちて不要になっても、納入されてきます。

このような事態を避けるためには、発注は生産タイミングに近いところに引き付け、それまでは調達計画を開示して、毎月、毎週見直していって、必要数の増減を微調整しながら、突然の莫大な追加やキャンセルをなくすようにすべきです。

見直しを**計画ローリング**といい、計画を共有しながら、途中で予定や内示として開示し、生産の直近で発注する方式を**段階発注**といいます。調達計画情報を共有し、ローリングしながら段階発注を行うことで、変動に対応するのです。

これと同じ方法が、高機能の汎用部品を扱うサプライヤーとの間でも実践できます。商品企画段階、相互の予算策定段階から情報交換を行い、長期的な調達計画から共有しあい、途中の販売の変動を加味した調達計画のローリング結果を共有し、発注・納入数の調整をとっていきます。

# 6-3 調達計画をどうやって見直す?

### 経営者同士が決めた「枠」の調整方法

## ◇調達計画の連携は予算の連携でもある

　長期的な調達計画を連携するということは、お互いの予算を共有し、必要に応じてお互いの予算を調整していくことでもあります。

　部品の調達予算は、サプライヤーにとってみれば製品の販売予算です。予算として長期的に合意できれば、サプライヤー側としては合意した数量は確保する約束をしたことに、そして、発注側としてはサプライヤーの設備投資や原材料の確保に対する資金原資を、購入という行為で約束したことになります。お互いの予算の合意という意味で、経営者同士が合意文書を交わします。

　予算として合意された数字が、部品の「調達枠」、「供給枠」になるのです。

## ◇枠の見直し、計画ローリング

　上記の「調達枠」、「供給枠」は、実際の生産や販売がはじまってから計画を何度も見直していき、枠そのものが変更されていきます。

　予算は長期にわたる計画ですから、実際の販売時期、生産時期が近づくにつれて何度も見直され、ローリングされていくことで、必要な部品数の計画精度は上がっていきます。毎月の見直しによって当初の予算を見直さざるをえないこともあるので、この点でも経営者同士の合意が必要です。

## ◇3段階発注とは

　3段階発注という方法もあります。調達計画を期間に応じて、「予定」「内示」「確定」に分けていくのです。

　「予定」とは、かなり先の調達計画で、ここで示される購入数は参考情報として扱われます。2か月先、3か月先などの期間で、会社によってこ

## ◀3段階発注でのコミュニケーション▶

| 発注「予定」 | ・あくまで予定情報で引き取り責任はない<br>・サプライヤーリスクで生産する期間<br>・ただし、生産前に調達リードタイムが長い専用原材料を購入した場合の引き取りはケースバイケース |
|---|---|
| 発注「内示」 | ・確定発注での確実な調達を担保するための情報<br>・引き取り責任が生じる<br>・「予定」よりも数量が増減することがある（ルール化が必要） |
| 「確定」発注 | ・確定発注で、これに基づき納品が行われる<br>・「納入」よりも数量が増減することがある（ルール化が必要） |

　の長さは変わります。もし、この期間でサプライヤーが断りもなく納入品を生産した場合、発注者側は引き取る責任はありません。ただし、サプライヤーが先行で原材料を購入しなければならない場合で、かつ、その原材料の専用性が高い場合、原材料だけ引き取る契約を結ぶときもあります。

　「**内示**」は、引き取り責任を持った予定情報です。まだ正式発注ではないが、サプライヤーの能力がない場合、先行で生産することを許容します。確実な調達を狙うためにも、先行生産を許し、引き取り責任も負うのです。

　「**確定**」は文字どおり確定発注です。内示分の引き取りと新規の確実な生産依頼でもあります。このタイミングでの欠品や納期遅延は、サプライヤー側にとって許容されません。

　「予定」→「内示」→「確定」に進むにしたがって、「予定」→「内示」は±20％、「内示」→「確定」は±10％の許容幅を認めることもありますが、運用はなかなか難しいのが実態です。

# 6

## 4 納期遅れを防止する

売り逃がしよりもコワイ信用問題

### ◇みんな在庫を減らしたい

製・商品のライフサイクルが短くなり、消費者の嗜好も移ろいやすくなったので、在庫を大量に持つことのリスクが高くなっています。そこで、サプライチェーン上に登場する各会社は極力在庫を低減し、「必要なものを、必要な場所に、必要なときに、必要な量だけ」調達して、欠品を避け、サービスレベルを落とさないようにしているのです。

シビアな要求に応え続けていくには、納期をきちんと守ることが絶対条件です。納期がきちんと守られるからこそ、安心して在庫を減らすことができるのです。なぜなら、発注して、納期どおりにモノが入れば、その間の欠品のリスク数量分だけ見ていけば、いつ入るかわからない安全余裕（"安心"在庫分）を追加で考えなくて済むからです。その分、安全在庫は減ります。

### ◇納期遅れは致命的

納期遅れは大問題です。手に入ると思っていたにもかかわらず、手に入らないときの顧客側の不満は非常に高いものになります。欠品は、売り逃がしに直結します。

一時の機会損失ならば許容できますが、モノによっては、「納期を守れない会社は信用できない」と長期的な影響を残すこともあり得るのです。

### ◇納期遅れを出さないようにするための方策

納期遅れを出さず、確実な調達、納入を確保するためには、いくつかの方策があります。前項で触れた、予算から合意して「枠」を設定する「枠取り」や３段階発注などです。納期が近くなると、納期をお知らせする「お知らせ」を行う購買部もあります。

## ◀納期はPDCAの全段階で管理する▶

納期遅れを
防ぐ手立て
の例

**Plan段階**
- 枠取り
- 3段階発注
- サプライヤー在庫開示
- サプライヤー生産計画開示

**Do段階**
- 納期お知らせ
- JIT・VMI（次項を参照）

**Check段階**
- 納期遅延警告
- 納期遵守率開示

**Action段階**
- 改善指導

　長期的には、「納期遵守率」を開示し、サプライヤーに改善を促す方法もあります。結果として、納期はきちんと守られたのかをフィードバックするのです。よく見かけるのは、納期の遵守状況についてサプライヤー名を明かし、ランキング表を公表する方法です。名前が公表されたサプライヤーは非常に不名誉に思います。自主的に改善を促すのです。

　どうしても改善されないサプライヤーには、購買部が納期改善の指導を行うことになります。購買部にはそれなりの改善の知識と経験が要求されるのです。

　もちろん、自社の発注に問題がある場合もあります。リードタイムを無視して注文したり、自社の調達計画精度が低いために、無理な発注をしている場合などです。この場合は、素直に自社の業務を改めるべきです。

　ＳＣＭのＱＣＤの中では、Ｄ（Delivery＝配送）がもっとも大切です。納期遅れはＤを悪化させ、ＳＣＭの質を低下させます。なんとしても、納期遅れは防止しましょう。

# 6
## 5 JITとVMIのメリット・デメリット

在庫を抱えるリスクが減るのは誰か

### ◇ JITとは

**JIT**（Just in Time）は、「必要なものを、必要な場所に、必要なときに、必要な量だけ」供給する究極の形態です。究極は顧客への配送に合わせて、最終組立て、部品納入、部品組立て、原材料購入をタイミングよくつないで同期化し、滞留する在庫を一切なくすことです。

自動車業界では、かなりJITが進んでいます。2007年7月の新潟県中越沖地震で自動車部品メーカーの工場が停止した際、ほぼすべての自動車メーカーで生産がストップしたのはご存知でしょう。全体がJITで同期していたので、一部のストップで全体がストップしたのです。

しかし、必ずしもすべての部品メーカーが、販売や最終組立てメーカーに同期して生産できるわけではありません。じつはJITといっても、最終組立てメーカーから予定情報や内示情報が開示されているのです。

販売や最終組立てメーカーに同期して生産できないメーカーにとって、JIT対応するためには事前に生産しておくしかありません。最終組立てメーカーの近くに倉庫を置き、納入指示（カンバンだったり、確定注文だったりする）に従って、在庫を出荷するのです。

こうしたケースでは、JITを推進する最終組立てメーカーだけが極小の在庫になり、JIT対応できないメーカーでは、相変わらず在庫が多い状態なのです。

事前に予定情報や内示情報が開示される場合は、まだマシなほうです。これらの情報を開示せずにJITを強制するメーカーもあります。この場合は、部品メーカー側では自社のリスクで予測して在庫を準備しなければなりません。JITでは欠品が許されないのでその分、大量の在庫を要求されます。大量に在庫をしなければならない場合、部品メーカーの負担が大きくなるので、最終組立てメーカーがせめて予定情報だけでも開示すべきです。

116

◀JITとVMIのしくみ▶

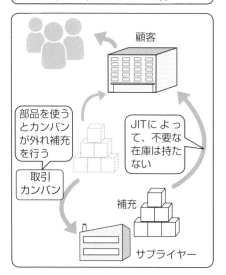
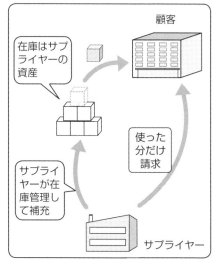

## ◇VMIとは

　JITに似たVMI（Vendor Management Inventory）という手法があります。**VMI**はVMI倉庫への補充をサプライヤー（Vendor）の責任で行い、欠品しないように在庫をそろえておき、顧客への供給を迅速に行い、使った分だけ請求する形です。顧客側は、実際に供給を受けて利用するまでは自社在庫ではないため、在庫資産を外部化でき、在庫を持たないでいることができます。顧客は得をしますが、その分、サプライヤー側が負担しているのです。

　この手法は、日本では「**コック倉庫方式**」などと呼ばれ、問題視され、敬遠されてきました。しかし、デルがこの方式を使い、自社工場の周辺にサプライヤーの倉庫群（「**リボルバー倉庫**」ともいう）を配置して在庫資産の外部化と短期納入を競争力とし、脚光を浴びました。欧米では、VMI手法の改良も行われ、VMIといえども事前に計画情報を共有し、内示のような形で情報を提供し、必要に応じて買い取りも行うなどの方法で進化してきました。

## 6

# 6 部材在庫が残るリスクを どう分担する?

### サプライヤーにのみ負担がかかってはSCMが成り立たない

#### ◇ どうしても在庫はなくならない

在庫はなくなりません。顧客の要求スピードと供給するスピード(計画＋調達＋生産＋配送の合計されたスピード)が相違する限り、バッファ(緩衝)としての在庫が必要になるからです。

また、要求数量を供給するために"生産しなければならない在庫"があります。その1つは品質に関わる在庫で、生産であれば、歩留まり、もしくは不良率に対応するためです。必ずしも要求どおりの数量が完成するとは限らないので、失敗分を見込んで作るために生じます。

もう1つは、時間による数量の変動に対応するための在庫です。たとえば、週に1回の輸送が事故や天候により失敗する可能性がある場合、その分の在庫は安全のために持たないといけません。

サプライヤーとどう業務的に連携するかを下敷きに、最終的に滞留した在庫をどう処置するかを取り決めていくことがSCMのキモです。計画情報の共有、枠取り、3段階発注、JIT、VMIとSCMでのサプライヤーとの連携手法はさまざまですが、単に業務的に連携するだけでは、サプライヤーの協力は得られません。

なぜなら、その多くは、サプライヤー側への負担を軽減するなり、発注者側で負担するなりの手立てを講じないと、単にサプライヤー側に大きな負担を強いるものとなるからです。

#### ◇ サプライヤーとのパートナーシップ

サプライヤーの納入コストだけを叩いて引き下げる時代は終わっています。欠くべからざるパートナーであるサプライヤーに対して、一方的な負担を強いることは、本来の意味でのパートナーシップではありません。

最大の負担は、在庫にからむコストでしょう。倉庫費のような変動費化

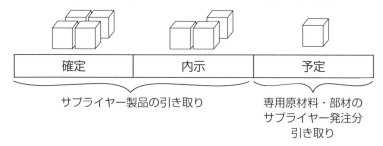

した在庫の保持コストは、特殊な設備を要求されるなどのケースは別にして、サプライヤーでも負担できるでしょう。しかし、使われずに残った在庫そのものとその処理コストは、一方的にサプライヤーに押し付けるわけにはいきません。発注者側の仕様と必要数量にあわせて事前に在庫を用意したものなのですから、サプライヤーと負担を分け合うべきです。

## ◇計画情報を共有する

　SCMの狙いは、確実な調達－供給です。したがって、時間軸に応じて、サプライヤーが準備するための計画情報共有が必要です。3段階発注での予定－内示－確定やJIT、VMIでの計画と納入指示など、段階に応じた計画、発注の情報があります。

　計画情報をトリガーにしているのであれば、最後に在庫が残ってサプライヤーの負担になりそうな場合、その状態に応じた費用負担の取り決めをして、サプライヤーも安心して取引ができるようにすべきです。

# column

## "天産品"や天然資源などの調達制約と市況価格変動への対応

### PSI計画やS&OPなどと連動した経営判断が必要

#### ■ 豊作・不作が読めない"天産品"の調達に欠かせない経営判断

　農作物など、豊作・不作が天候に影響される"天産品"の調達は難しいものです。カカオ、オレンジ、バニラなどが不作になると、世界中で調達が困難になり価格高騰を引き起こします。

　購買力があれば、畑ごと買って購入を保証しつつ必要な分を確保することもできます。しかし、そのためには資金が必要ですから経営的な判断が欠かせません。また、畑をまるごと買わないまでも、供給ひっ迫時や価格高騰時は、高額で購入しなければならず、コストと資金に影響が生じます。

　畑の確保、ひっ迫時、高騰時に調達を行う際は、買いすぎないように、かつ、不足しないようにリスクを判断しながら必要な購入量を決め、経営的な判断のもとで調達します。調達判断をPSI計画やS&OPなどと連動して行うことが必要です。

#### ■ 市況で価格変動する品目の調達にもリスク判断が必要

　市況によって価格が変動する金属、燃料などの天然資源、穀物などの調達も難しいものです。価格が上がっていれば先物取引で価格をヘッジしたり、購入予約で数量と価格を事前に確定したりすることもできます。一方で、無理な調達・確保を行わず、市況を見て上がりそうなときには、事前にまとめ買いをする、あるいは、より安価な調達先を探索する、などの臨機応変な対応を可能にしておきます。

　天産品同様、天然資源や穀物の調達判断もPSI計画やS&OPなどと連動して行うことが必要です。

第 **7** 章

# 実行業務のスピードが
# 競争優位を生み出す

# 7
## 1 受注－出荷のスピードアップ

業務プロセスの改善、標準化、自動化などの方法がある

### ◆ 受注－出荷－納品の業務プロセス短縮が鍵

顧客はせっかちです。できるだけ早く手に入れようとします。インターネットで買い物ができるとしても、小売業はなくなりません。品ぞろえ、ワンストップでの買い物、いろいろ見て回る楽しみなどさまざまな理由がありますが、なくならない理由の1つは、即時性です。その場で買って即、手に入るのです。これは、最大のサービスといえるかもしれません。

小売業の場合は、こうした受注、売上げ、引渡しが同時に起こります。小売業以外だと、受注後に出荷－納品という活動が生じます。業界によって相違がありますが、この受注－出荷－納品にかかる時間は数時間から数か月という幅広いものです。短いのは小売業への商品補充などを行う業界ですし、極端に長いものは海外からの受注に対して船で運ぶ場合、もしくは受注後設計して組み立てる場合などです。

同じ業界ならば、この受注－出荷－納品の時間は同じようなものと考えるかもしれませんが、実態は異なります。会社の業務のあり方によって差が生じるのです。

たとえば、楽天の「楽びん！」では、荷物を積んで巡回している配送車のうち、注文の場所にもっとも近い配送車が最短、20分で届けてくれますが、配送車に積める取扱品に限りがあります。一方、Amazonの「Amazon prime now」は1時間以内の配送ですが、倉庫からの出荷となるため取扱品が多く、品ぞろえの点で便利です。ネット小売業界はまさにスピードアップ競争を展開しているのです。

第1章7項で取り上げたA社の消耗品の受注－出荷－納品の時間は平均して2、3日でした。これに対して競合会社は24時間以内です。圧倒的に不利なA社は、A社の代替製品を扱うサードパーティーの会社に負け続けていました。

122

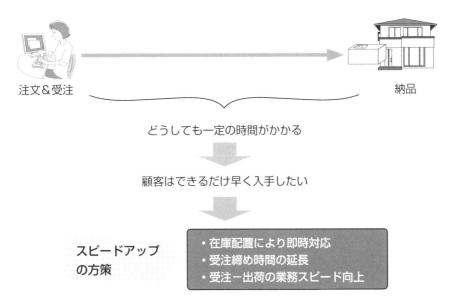

　先に、受注-出荷-納品の時間をどう短縮できるかは在庫配置の問題、受注締め時間の問題として書きましたが、もう1つは、いかに受注-出荷の業務のスピードを上げるかが問題なのです。

## ◆業務プロセスのスピードアップはプロセス全体の見直しで

　業務プロセスは、個別改善の積上げではなく、プロセス全体の見直しによってプロセスそのものを変えてスピードアップします。

　受注のプロセスは、たとえば、受注、オーダー（受注伝票）確認、顧客の確認・与信確認、受注製品確認、引き当て、出荷指示、出庫指示、伝票出力、出庫（ピッキング）、梱包、出荷、請求処理と流れていきます。各業務で細かいチェックや判断をしていて、意外と時間がかかるものです。このようなプロセスをどう短くしていくかが、受注プロセスの課題です。

　王道としては、現状の業務プロセスを可視化して分析します。ただし、闇雲に短縮はできないので、いくつかの視点から考えます。1つは、IE（Industrial Engineering）という作業改善の考え方で、**ECRS**（E：

Eliminate＝なくせないか、C：Combine＝同時にできないか、R：Re-Order＝順番を変えられないか、S：Simplify＝単純化できないか）というものを参考にしてプロセスを観察します。

このEからSの順番にも意味があり、そもそもなくせる業務ステップであれば、なくしてしまえば考えなくて済みます。なくせないのであれば、同時に早くできないか、順番を変えたら早くできないか、単純化して早くできないかを考えていくのがECRSの考え方です。

たとえば、受注時の受注承認という業務で、何でもかんでも部門長に承認を得ていたとします。受注が立て込むと部門長の処理が滞って時間がかかるので、ある金額以下は承認なしで担当者が処理できるようにすることでスピードアップを図るという方法です。これは、まさに権限委譲を伴うE（Eliminate：なくせないか）の採用です。

## ◇ 標準化－自動化、作業改善でスピードアップ

もう1つは、標準化－自動化という考え方です。即、自動化に目が行きそうですが、その前にまず標準化です。バラバラのやり方を自動化したところで、投資も何重にもかかり、果てはどれが正しいのかがわからなくなって混乱することになります。そこで、標準化なのです。

たとえば、商品マスターが各自の個人持ちノートだったり、代々受け継がれた手書き台帳だったりします。これでは、商品を探したり、価格を何度も計算したりと時間がかかります。担当者が休むと、どれがどれだかわからないなどの混乱を生んだりもします。個人持ちになっている台帳などを標準化し、共通のマスターにしてルール化するなどの手立てで、誰がやっても同じ結果、業務の品質も均一になるようにします。このあとにシステム化するなどして自動化していきます。システム化も1つの標準形を構築すればよいのです。

受注－出荷では、こうした間接業務以外に、いかに出荷の作業を迅速に行うかという課題が加わります。作業改善です。倉庫での保管方法の改善、ピッキングの改善を行うための人が動く「動線」の改善、ピッキングの順番を効率化するピッキング順番の並べ替えと伝票改善、梱包荷姿の簡

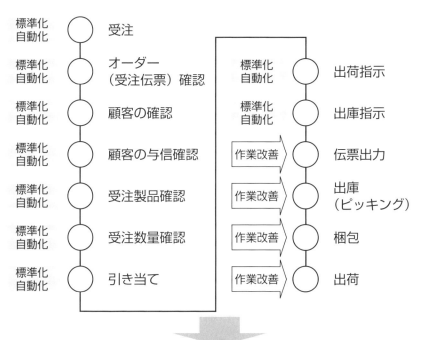

◀受注—出荷を改善する▶

標準化-自動化、作業改善のあわせ技で、限りなくスピードアップする

受注から出荷までの
プロセスをいかに短縮するかが勝負

たとえば、ECRSで！
E：Eliminate＝なくせないか
C：Combine ＝同時にできないか
R：Re-Order ＝順番を変えられないか
S：Simplify ＝単純化できないか

素化、梱包を廃止してパレット積み出荷など、地道に積み上げます。

また、作業者の熟練度も重要で、教育も欠かせませんし、作業者に業務のパフォーマンスアップを促すような出来高制の評価形態など、インセンティブになる評価制度を取り入れ、改善を後押しします。

# 優先出荷のルール化で さらにスピードアップ

**機械的な判断をすることでムダな作業を省ける**

## ◇作業改善だけでは済まない受注−出荷のスピードアップ

受注−出荷のプロセスは、自社のビジネスとしてどうしていくのかという視点で改革する必要があります。そのときに求められるのが、ルール化です。受注−出荷に至る業務に、効率のよいルールが適用されていないと、せっかくBPRや作業改善をしても、新幹線のレールに鈍行列車を走らせるようになってしまうからです。以下のような典型的な課題に対して、ルール化していく必要があります。

## ◇何を出荷すべきか

受注後、何を出荷すべきかを検討していて時間がかかっている企業があります。典型的なのが製薬メーカーです。製薬メーカーでは医薬品に製造年月日に基づく製造ロットナンバーを採番します。商習慣上、Aという顧客に、一度あるロットを出荷すると、その顧客には、そのロットより古いものを出荷できなくなります。受注を受けた際、前回はどのロットを出したのかを確認したり、古いロットを出さないようにチェックしたりして大忙しのことがあります。単純に古いものから出荷していく「先入れ先出し」の形にすると決め、ルール化すればよいのです。

また、製品によっては仕上がり上、品質のバラツキが出るものがあります。A級、B級と付けて毎回、「この顧客にはどれを出荷すればよいか」と営業が協議していて時間がかかる会社があります。時期によって品質に差異がある商品が届くと、顧客も不審に思います。

このケースでも、A級を出す顧客、B級を出す顧客とルール化して、処理を迅速化すべきです。ただし、品質差異を公開して、グレードのちがいとして価格を変えるか、公開せずにいるかは会社の判断次第です。

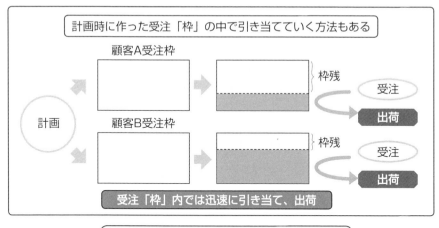

◆都度判断をなくしてスピードアップ▶

〈出荷時に、手間がかかるケース〉
- 出荷時のロットナンバー逆転を許さない
- 先入れ先出しが義務づけられている
- 在庫がステータスを持ち、選別が必要
- 顧客により出荷可能な品質区分がある

## ◇受注-引き当てのせめぎあい

　受注しても、なかなか出荷にたどりつかずにもめているケースがよくあります。第4章6項で書いた計画段階の配分の受注段階版です。

　受注段階での取り合いは、基本的に行わないようにすべきです。短い時間でビジネス的な判断はできないので、計画段階で決めた配分を「枠」にして、引き当てていくことをルール化すべきです。あるいは、単に早い者勝ちにするかでしょう。

　単純に書きましたが、受注時の出荷配分の問題は、意外と根が深く難しいものです。しかし、検討を重ねても、早い者勝ちと受注引き当て「枠」の組み合わせぐらいでしょう。在庫が潤沢にあれば早い者勝ち、在庫逼迫時は計画での「配分」による受注引き当て「枠」の運用です。この切り替え判断は、担当者によるのではなく、マネジメントを交えた判断が必要になってきます。いずれにせよ、受注－出荷時に毎回、判断業務を入れていては時間がかかります。迅速に処理するために、会社の意思としてルール化し、処理をスピードアップしておくべきです。

# 7
## 3 在庫補充の スピードと精度の上げ方

バッファとなる在庫拠点の配置と発注点方式を活用

### ◇ 補充の迅速化を目指す

本章は計画業務とは別の実行業務という位置づけで書いています。在庫補充というと計画業務にあたると考えることもありますが、本書では、補充は基本的に計画ではなく、粛々とルールに沿って短時間に行われる実行業務処理という位置づけです。

各営業所や倉庫で、担当者が補充すべき数量を決めている会社は少なくありません。そして、たいていの場合は扱い数量が多すぎて、業務が滞っているのではないでしょうか。

個人に業務が任されていると、さまざまな方法で補充が行われます。単に毎回、一定量を補充発注する方法、欠品するまで放っておく方法、なんとなく在庫がなくなってきたので補充発注する方法、一定の在庫量になったら、ある数量を補充発注する方法、表計算ソフトに将来の出荷予測を入力し、在庫が0になるタイミングで事前に補充発注する方法などです。

しかし、在庫の補充では、どこかに各在庫補充拠点が欠品しないようにバッファとなるセンター在庫拠点があるはずです。そのような機能を持つセンター拠点があるのなら、補充拠点ごとで人手をかけて補充量をきめ細かく決める必要はありません。

### ◇ 補充業務の簡略化

補充を受ける在庫拠点は、そもそも在庫の保管拠点ではなく、顧客に迅速に届けるために設けられているものです。設計上は、短サイクルで補充を受けられるように、配置、業務設計されます。

したがって、このような機能で配置された補充在庫拠点で細かい補充業務を行っていては、かえって時間がかかり、本末転倒になってしまいます。補充在庫拠点の在庫補充方法は、「発注点方式」管理で十分です。

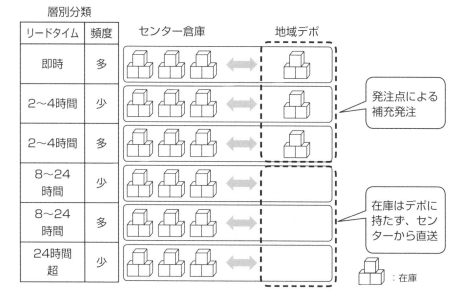

　「**発注点方式**」とは、在庫がある数量（発注点）を切ったら、そのタイミングである補充数量を計算して発注するという単純な方法です。発注点も単純な決め方でかまいません。品目ごとに、在庫がいくつを切ったら発注するかを決めるだけです。

　発注点は、補充のリードタイム分で十分です。たとえば、1日で届くのであれば、1日分で十分ですし、もっと減らして半日分でもよいでしょう。補充量は、1日分だという理由は、1日程度で補充分が届けられるのであれば、大きく安全在庫を見込む必要がないからです。どうしてもというのであれば、「補充リードタイム分＋安全余裕分」でよいでしょう。

　もし、補充が2日おき、3日おき、あるいは1週間に1回であれば、発注点、補充量もそれだけの分は必要でしょう。ただし、緊急出荷で1日で届くのであれば、同様にさほど安全在庫を見込む必要はないでしょう。単純な基準と単純な計算で、簡易に、すばやく補充できれば十分です。

# 7-4 輸送の多頻度化をどこまですすめるか

コスト増とサービスアップという背反を解消

## ◇スピードはサービスだが、コストがかかる

　顧客への配送スピードアップは、多頻度化によっても実現することができます。1日1回のところを2回にすれば、顧客は、それだけ早く手に入れやすくなるのです。

　しかし、多頻度で運ぶということは、それだけコストが上がります。同じ量を1回で運ぶ場合と2回で運ぶ場合では2倍以上の差が生じます。2回に分けるということは、それだけ小口になり、それだけ効率が悪くなるのです。

　そもそも、出荷作業、積み込み作業、走行、積み下ろし作業、入荷作業などの手間は数量の多寡でもそうちがいは生じません。しかも、トラックの積載効率が悪くなる可能性もあります。小さいトラックがあればいいですが、同じトラックで積載数量だけ減らして走るのであれば、輸送効率だけ考えるとムダもいいところです。

　この点は、海外輸送でも同じです。月1回の船便で送っていたところを、月2便にするとコストは上がります。ただし、コンテナ積みをしていて、コンテナは満載の「フルコンテナ」で何本も積んでいるのであれば、船を分けて輸送することも可能かもしれません。空輸も船での輸送と同様で、輸送回数が増えれば、それだけコストが上がります。

　多頻度化によるサービス向上を考える際は、コスト上昇をどこまで吸収できるのかが問題になります。

## ◇コスト増を説明できるだけのサービスや儲けが見込めるか

　配送の多頻度化により、かなりのコスト増が想定されますが、コスト増以上の儲けが見込めるなら実施しても問題はないと思います。

　ところが、サービスレベルを向上しても、売上げや利益に結びつかない

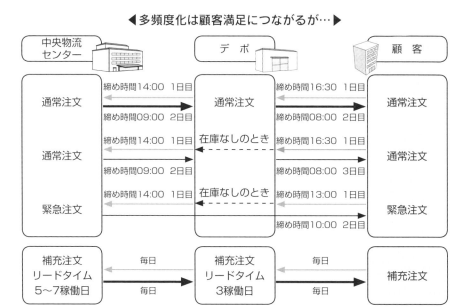

◀多頻度化は顧客満足につながるが…▶

第7章 ● 実行業務のスピードが競争優位を生み出す

　場合もあります。地方で、そもそも多頻度配送に値するだけの商圏規模がない場合などです。よく、全国一律での配送サービスを会社の方針として謳っている会社がありますが、方針といえども一度見直すことも検討すべきかもしれません。利益を追求する企業が、公共事業のような観点で配送のあり方を維持する必要はないのです。

　ただし、逆に言うと、会社の方針が重要なのです。競争優位を生み出す要因が、配送の多頻度化で、かつ全国一律のサービスレベルであるのならば、その競争要因によって会社が儲かるはずです。単に配送多頻度化がよいとか、儲かるという単純な判断の前に、やはり会社のビジネス方針を明確にして判断し、実行に移すべきです。

　そう考えると、競合が多頻度化したからといって、真似る必要もありません。ビジネスの優位性が築けるのであれば、競争すればよいでしょう。しかし、多頻度化ではなく、在庫での品ぞろえでも、最終顧客へのサービスを維持できて在庫管理コストが配送多頻度化コストを下回るのであれば、ムリに多頻度化せず、在庫の積み増しで対応すべきです。

131

# 物流トラッキングの活用

### 宅配業界以外では、業務ルールや伝票コードの統一が課題

## ◇物流トラッキングとは

　物流トラッキングとは、出荷後の荷物を追跡して、物流上の進捗がどうなっているのかを情報開示することです。宅配サービスでは当たり前になっているサービスで、いま荷物がどこにあって、どういう状態かのステータス情報を提供します。

　このようなことが可能になったのは、情報技術の発達のおかげですが、一方で、国際宅配サービス会社である海外のクーリエ会社がこうしたサービスを持ち込み、日本の宅配業者にも広まっていったという事情もあります。

　消費者向けや小口配送の業界では当たり前になった物流トラッキングですが、一般のビジネスでのサービス提供はまだ十分とはいえません。ニーズは高いのですが、物流会社の事情だけでなく、荷主側の会社も、各社各様の事情で実施できないのが実情です。物流トラッキングができるようになると、以下のような利点があります。

- 倉庫での荷物の受け入れ準備ができる
- 遅延が把握でき、アクションがとれる
- 積送在庫（輸送中の在庫）が把握できる
- 顧客への納期回答が正確になる

## ◇物流トラッキングを実現するためのハードル

　物流トラッキングには十分な利点があり、実施すべき業務ですが、実現するには越えるべきハードルがいくつかあります。

　まず、**社内の伝票間、コード間の整理が必要**です。たいていの会社では、受注伝票、出荷伝票、請求伝票、梱包明細・パッキングリスト、コンテナ明細などのさまざまな伝票間の整合と伝票コードを連携させないとい

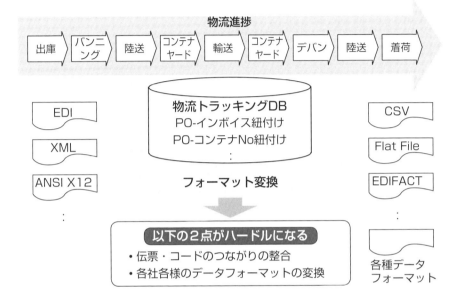

けません。業務機能単位に作りこんでしまったルールやシステムを、統合的に運用できるようにしなければならないのです。

たとえば、ある受注ナンバーに対して、受注した内訳の荷物が、どの出荷伝票に載っていて、その荷物はどのコンテナに載っているのかが一致しないと追跡はできません。倉庫から出荷されてしまうと、相手先に着荷して荷物の検品が行われるまでの間、どこに何があるのかわからなくなってしまう会社はたくさんあります。こうした会社では、よく「在庫が消える」という表現を使います。受注伝票と出荷伝票、受注ナンバーと出荷ナンバーのつながりがうまく構築されていないので、情報として見えなくなるのです。

もう1つのハードルは、**データの持ち方**です。各社各様のデータの並びやフォーマットになっているので、途中に物流会社や貿易業者が存在したり、税関があったりして、情報が同じフォーマット、同じ形式で保持できないのです。とはいえ、共通データフォーマットの普及、データ変換技術の向上により、ハードルは低くなりつつあります。

# なぜトレーサビリティが求められる?

トレースバック、トレースフォワードで原因に遡る

## ◇トレーサビリティとは

　トレーサビリティとは、原材料、部品から生産、出荷、販売、最終消費（あるいは廃棄）までの追跡を可能にすることです。身近な例で言えば、スーパーで売られている野菜の産地、使われた農薬・肥料の量や入荷した時期などの情報が追いかけられることです。トレーサビリティは、商品や製品が安全かどうかを気にする最終消費者にとっての情報提供であり、何か問題が起きたときの原因を追究するための仕組みなのです。

　トレーサビリティには、トレースバックとトレースフォワードの2種類があります。**トレースバック**とは、遡って追究できることです。商品や製品に問題があったときに、どのような経路を通って、どのような処理を受けていたのかを遡ることができることです。たとえば、菓子の異物混入問題のときは、店頭での陳列方法と保管方法、物流ルート、製造した工場と設備、作業者、製造期間、原料、原料の調達先などが遡って調べられました。

　トレースの向きが逆なのが、**トレースフォワード**です。こちらは、原因からスタートして、発生した問題がどの範囲に影響しているかを追跡します。先ほどの異物混入問題でいえば、原因となりそうなある期間の原料がどの工場のどの製品の製造に使われたか、その製品はどの流通経路に、どのような形態で配送・保管され、どこに販売されたのかを追いかけます。被害を最小限に抑えるための考え方です。

## ◇トレーサビリティは不可欠の機能

　トレーサビリティを構築する仕組みには、ロットナンバー管理とシリアルナンバー管理という2つの方法があります。

　**ロットナンバー管理**とは、商品や製品のある単位にナンバーを振って管理する「一山管理」です。ひとまとまりで出荷されたり、生産されたりす

### ◀トレーサビリティとは▶

**トレースバック**

商品や製品に問題があったときに、どのような経路を通って、どのような処理を受けていたのかを遡ること

サプライヤー　購買　生産　営業　顧客

**トレースフォワード**

原因からスタートして、発生した問題がどの範囲に影響しているかを追跡すること

〈トレーサビリティの実現手段〉

| | 特　徴 | 適　用 |
|---|---|---|
| ロットナンバー管理 | 商品や製品のある単位にナンバーを振って管理する「一山管理」 | 医薬品食品など |
| シリアルナンバー管理 | 商品や製品で1つずつに識別ナンバーが振られる「単品管理」 | 医療機器製造装置など |

ることが前提で、単品ごとに管理するよりも簡便な方法です。たとえば医薬品は、同じ原料、同じ生産単位で生産された製品に、製造年月日と製造単位でロットナンバーが振られます。同一ロットナンバー製品は同じものとして扱われ、不良が発見されたロットナンバーすべてが廃棄されます。

**シリアルナンバー管理**とは、単品管理が重要な商品や製品、もしくは、単品管理が可能な商品や製品で使われる管理で、1つずつに識別ナンバーが振られます。たとえば、医療機器は1台ずつシリアルナンバーが振られて、いつ、どの工場で作られて、どこを経由して納品されたかが追いかけられます。高額製品なので、不具合が生じた場合は1台単位で原因を追究して問題を解決します。ただし、原因が生産ラインにあった場合は、その影響が及ぶ期間すべてのシリアルナンバー機器に対応をとります。自動車のリコールなどはこの典型です。

トレーサビリティシステムは、医薬・医療機器業界では義務化されています。他の業界でも、食品の安全や偽装問題でにわかに重要な課題に取り上げられたことから、ＳＣＭとして不可欠になってきています。

第7章 ● 実行業務のスピードが競争優位を生み出す

# 調達物流の改革に着手すべし

可視化によりリードタイム短縮とコストダウンが可能

## ◇調達物流が遅れている組織的な要因

　物流の改善が取り組まれる主な領域は「**販売物流**」と呼ばれる、販売に関わる物流領域です。自社から顧客に届けるまでの物流で、販売と連動して実施、管理されます。

　販売物流の管理や改革がやりやすい理由は、販売物流が売上げに影響する顧客へのサービスレベルに関わるため、重点管理対象になるからです。それだけではなく、販売物流費が売上げと区別して管理可能で、物流費の把握がしやすく、物流費コストダウンが目標に掲げやすいからでもあります。

　販売物流と対になるのが「**調達物流**」です。調達物流は仕入商品の調達、工場での原材料や部品仕入に関わる物流です。調達物流領域は改革が遅れていて、調達物流が明確に改善対象として認識されていること自体が稀だったりします。

　調達物流が認識されにくい要因は、調達時の物流費が仕入原価と明確に区分されていないからです。たとえば、ある品目を仕入れる際、通常、物流費は購入品目の単価に含まれていることがあります。こうなると、品目単価に隠れてしまって見えない物流費は、切り出して改善することが困難になります。単価低減交渉と物流費低減交渉が一体化してしまうのです。

　単価と物流費が明確に分かれていないということは、調達物流がサプライヤーに依存している証拠になります。サプライヤーが納入に関わる物流方法を選択して単価にのせてくることもあり、調達物流の改善はサプライヤー任せとなっているのです。

　調達物流は、以上のようにサプライヤーとの関係とコストが一体化して把握できないため、改革対象になりにくいのです。

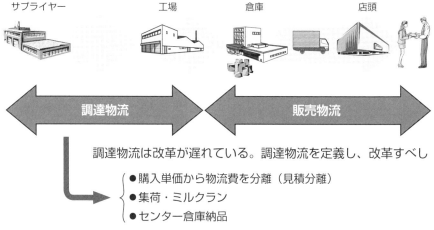

## ◆調達品の購入単価から物流費を分離すべし

　見えないものは管理できませんし、改善できません。調達物流という業務を識別して、改革施策を考えます。

　まず言えるのは、調達品目の単価とサプライヤーが担っている納入に関わる物流費の分離です。そのために、調達品選定やサプライヤー選定時の見積もりを品目単価と物流費に分けて提出させることです。分離すれば、それぞれの費用が可視化でき、品目単価のコストダウンと物流費のコストダウンの両方が可能になります。

　購入単価から物流費が分離できれば、コストダウン施策の検討が具体的にできます。製造原価低減活動と物流費低減活動が分離できるので、単なる総額値引き要求ではない、きめ細かいコストダウン活動が可能になるのです。

## ◆集荷・ミルクランとセンター倉庫納品を組み込む

　物流費が分離できていれば、調達物流の改善手段も複数考えることが可能になります。サプライヤーに調達物流を任せてコストダウン要求を出すのは当然として、物流形態の変更によるコストダウンが可能になってきま

す。

　たとえば、サプライヤーに運ばせないで、発注側で物流を担うことによってコストダウンが可能になる場合があります。また、集荷を発注者側で行うことで、輸送の効率を上げ、単価交渉でコストダウンすることも可能です。サプライヤー単位ではなく、「ミルクラン」といって複数サプライヤーを回って一気に集荷することで、輸送の効率を上げてコストダウンを図ることも可能になります。

　欧米では、「工場渡し」といって工場に集荷することでコストダウンすると同時に、物流を自社の管理下に置くことでコントロールしやすくしている例も多くなっています。

　また、入荷・荷受けをサプライヤーごとに行うことが非効率である場合、センター倉庫への納品を義務づけることで入荷・荷受けを1回にしたり、サプライヤーに部品を工程ごと、あるいは店舗ごとに配ぜんして納品させたりすることで荷受けを効率化させることもできるのです。

第 **8** 章

# 拡大するSCM領域に
# 先手を打つために

## 8-1 SCM管理指標は さらなる進化を促す誘導装置

改善余地を発見し、よりよいSCMにするドライバー

### ◇ 何のための指標管理か！

　SCMも、通常のマネジメントサイクルであるPDCA（計画－実行－チェック－対応）に当てはまる業務です。しかし、SCMでもっとも遅れているのが、この指標管理に関する問題かもしれません。

　改善活動の中で、膨大な管理指標が並べられている光景をよく見かけます。

　ある製造業では、1つの工場の管理指標だけで1,000を超えていました。

　果たして、こんなにも多くの管理指標を設定して、管理しきれるのでしょうか。従業員も、毎月の指標報告会のために前日はデータをかき集め、修正し、加工するために徹夜をする有様です。

　ところが、工場長や生産管理部長は忙しいのか、報告を聞いて安心するだけで、特に指示を出しません。それもそのはずで、指標が多すぎていちいち聞いていられなかったのです。彼らは別途報告される毎日の異常状態に対してアクションをしていて、管理指標の報告会は単なる儀式と化していました。

　この会社の管理指標に対する態度は、多くの企業で見かけられる典型的なものです。いままで管理指標といえば、確認や分析が生じた段階で場当たり的に定義され、そのまま残ってしまったものがほとんどです。マネジメント層が、「あれはどうなっている？　これはどうだ？」と過去に聞いた数値が、すべてそのまま管理指標になってしまった例が多々あります。

### ◇ 指標はPDCAサイクルの中でこそ活きる

　管理指標は、PDCAのサイクルの中に位置づけられて初めて意味があるものです。計画を立て、計画が実行され、計画と実行の差を異常として識別してアクションを考えるための仕掛けなのです。

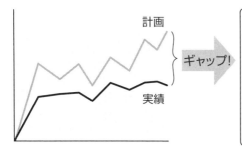

◀ "PDCA" あってこその管理指標 ▶

　したがって、計画や異常値を識別する基準、ルールがないのなら、指標管理は単なる自己満足に終わってしまいます。PDCAサイクルの流れに乗るからこそ、改善余地を発見し、よりよいSCMにする推進装置（ドライバー）になるのです。

　PDCAサイクルに乗せるためには、計画-実行の差を検証し、アクションとしての意思決定に役立つ指標でなければ意味がありません。そのためには、管理指標をきちんと構造化し、何でも指標にするのではなく、重点志向を持ち、かつ改善可能な指標管理をすべきです。そのための枠組みとして、次項でバランスド・スコアカード（BSC）という考え方を説明します。

　なお、重点指標という意味で、鍵となる重要な管理指標をKPI（Key Performance Indicator）といいます。

## 8-2 バランスド・スコアカードの応用

### "4つの視点" を管理指標のフレームワークに使う

#### ◇バランスド・スコアカードの "4つの視点"

バランスド・スコアカード（以下、「BSC」という）は、アメリカのキャプランとノートンが提唱したマネジメント方法の考え方です。BSCの開発当初はいろいろ揶揄されましたが、KPI（Key Performance Indicator）を構造化し、偏りをなくし、経営的に意味のある指標管理にした点で、いまでは十分使えるものになっています。

BSCの基本的な考え方は、KPIを**財務の視点**、**顧客の視点**、**業務**（プロセス）**の視点**、**成長と学習**（組織・人）**の視点**に分けることです。この4つの視点で分類し、それぞれがきちんと定義、配置される必要性を説くことで、いままで各組織内で個別に行われていたKPI管理を経営に役立つ構造に置きなおそうとしたのです。

たとえば、倉庫では、在庫回転月数、欠品率、1人1日当たりの出荷数など、さまざまな指標がとられていたとしましょう。作業者たちは、なぜこうした指標が管理されるのかの意識が持ちにくく、自分たちの管理がきつくなる「縛り」のように感じていたことでしょう。

#### ◇バランスド・スコアカードの視点を活かす

ここにBSCの視点を取り込むとどうでしょうか。まず、「財務の視点」からです。在庫を少なくしよう、売上げを増やそう、コストを下げようという財務的な経営目標が確認されます。次に、この財務目標をよくするために必要な「業務の視点」での指標が見えてきます。在庫を減らすためには、業務的に在庫回転月数を改善しなければなりません。

同様に、売上げを増やすには欠品率を下げる、そしてコストを下げるには、1人1日当たりの出荷数を増やさなければなりません。だから、こうした業務の指標を改善すると財務数値がよくなり、業績に貢献するのだと

142

## ◀バランスド・スコアカードの４つの視点▶

### 財務の視点

- 在庫低減
- 売上増
- コスト削減
- ROA(注1) など

### 顧客の視点

- 出荷リードタイム
- 誤出荷率
- 納期回答精度
- 在庫引当率(注2) など

### 業務の視点

- 欠品率
- 1人1日当たりの出荷数
- リードタイム
- 予測誤差率
- 良品率 など

### 成長と学習の視点

- 受講研修時間
- 改善提案数
- 資格保有者数 など

（注1）利益÷総資産　　（注2）受注時に在庫があった割合

いうことがわかります。

　一方、「顧客の視点」で考えると、顧客が何を求めているかが見えてきます。たとえば、顧客が迅速な出荷、正確な出荷を求めていたとします。じつはこれが達成されれば売上げも増えるので、出荷リードタイムの短縮、誤出荷率の低減も指標に入れようということになります。

　また、「成長と学習の視点」では、財務、顧客、業務のそれぞれの視点で見た指標をさらによくするために、受講研修時間や改善提案数の指標目標も追加されました。

　こうして、BSCの視点で、倉庫の持つ業務KPIがどの経営目標指標に貢献し、かつ顧客視点で見て何の指標が欠けていたのかに気づき、さらなる成長と学習のための指標も作られたのです。

　財務目標はまさにSCMの経営目標であり、業務目標はSCMの業務目標につながっている例でしたが、このようにBSCを使って、SCM管理指標を構造化し、意味のあるものにしていくことができるのです。

# 8

## 3 SCM管理指標の導入方法

ビジネスのあるべき姿に沿った結果指標と先行指標を選ぶ

### ◇管理指標を場当たり的に決めるムダ

　場当たり的な管理指標を設定する会社が意外と多い──。こう聞くと驚かれる方が多いかもしれませんが、実態としては、目の前の困った事象を確認するために、対症療法的に管理指標が決められることが多いのです。

　たとえば、販社でサービスパーツの欠品が多いので、販社の欠品率を指標にする。同じように、メーカーでも販社からクレームがくるので、メーカー倉庫の欠品率を指標にする──。このように、それぞれが個別に指標を管理し、相互の連携もなく、それぞれの役割分担もないという事態になります。その結果、バラバラに欠品率低減に動いて、それぞれが在庫増に悩みはじめ、今度は別々に在庫を管理指標として、在庫低減活動がはじまるといった具合です。

### ◇あるべき管理指標を設定する

　こうした個別、場当たりな管理指標設定ではなく、もっと組織的に構造化して、あるべき管理指標を設定すべきです。そのステップは、以下のとおりです。

・ステップ1：ビジネスのあるべき姿（Key For Success：KFS）確認

　会社が営んでいるビジネスで、いったい何を達成すればよいのか、どのようなことが成功要因（KFS）なのかを確認します。あわせて会社の中長期目標も確認します。

・ステップ2：あるべき指標抽出・優先順位検討

　KFSと中長期目標から管理指標を抽出します。マネジメントが追いかける管理指標は、中長期目標を主軸に財務の目標、顧客の目標を中心に列挙します。

　業務上に課題を持っているのであれば、あわせて業務の目標や成長と学

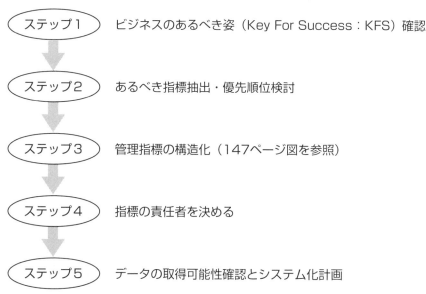

習の目標も挙げます。それを受けて、次に業務側の目標を列挙していきます。指標の中には特に優先すべき指標があります。中長期目標で謳われている指標、またはKFSで重要視された指標を重点と考えます。

• ステップ3：管理指標の構造化

　前項で説明したバランスド・スコアカード（BSC）のフレームワークを活用し、財務の管理指標と対顧客の管理指標、業務の管理指標、成長と学習の管理指標を関連づけます。

　その際、ある指標の改善に貢献する指標をその下位に置くことを繰り返して、指標を矢印でつないでいきます。たとえば、売上げを上げることに貢献するのは顧客満足、顧客満足に貢献するのは欠品率低下と納品リードタイムの短縮、欠品率低下に貢献するのは在庫数と工場の納期遵守率、納品リードタイム短縮に貢献するのは、倉庫の時間当たり出荷数増加、といった具合に展開していくのです。

　この指標構造化では、もう1つ大事な視点があります。指標には結果の提示だけで、その指標自体を改善するアクションが直結しない結果指標

と、結果指標に先立って変化する先行指標があります。管理指標はアクションに結びつくレベルまで展開し、構造化する必要があります。

たとえば、売上げは結果指標で、「売上げを増やせ」は、アクションではありません。売上げを増やすのに先立って伸ばすべき指標が新規顧客獲得数であれば、これが先行指標になります。先行指標であれば、アクションに結びつくので、業務では結果指標ではなく、先行指標を管理することになります。こうして、BSCの視点で全体の関連性と貢献する・される指標を構造化し、かつ、アクションが可能な先行指標まで展開して、管理指標を設計します。

- ステップ4：指標の責任者を決める

  管理指標は構造化しただけでは「絵に描いた餅」です。各指標を管理改善していく責任者を決めます。

- ステップ5：データの取得可能性確認とシステム化計画

  最後に、データの取得可能性を確認しシステム化計画を立案して管理指標システムを導入します。指標管理は意外と大変で、いまでも多くの会社が指標を管理するために表計算ソフトにデータを打ち込んで、莫大な時間を浪費しています。管理指標の「見える化」システムを導入して、付加価値のないデータの作成業務から社員を解放しましょう。

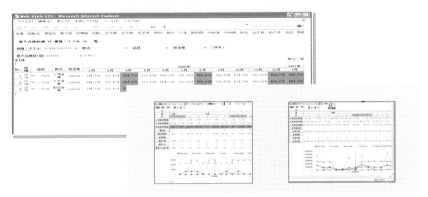

◀「見える化」システムの例▶

第8章 ● 拡大するSCM領域に先手を打つために

◀管理指標の構造化例▶

**企業価値の増大**
- 営業利益
- EVA
- フリーキャッシュフロー

**コストダウン**

全プロセスにおけるムダなコストの削減
- 売上原価比率の低減
- 販管費比率の低減
- 製造原価の低減

**売上高拡大**

国別・顧客別等での売上高拡大
- 国別・顧客別売上高
- チャネル別売上高

販売形態別／商品別売上高拡大
- 販売形態別売上
- 高商品別売上高

**資産効率**

不要な資産の圧縮、負債の圧縮
- 在庫の低減
- 債務の圧縮
- 固定資産の圧縮

**全体最適を目指した効率的な業務**

製造の生産性向上
- 操業度
- コストダウン率
- 供給リードタイム
- 出来高差異
- 良品率

在庫の適正化
- 在庫回転率
- 廃棄金額・数量

**顧客の満足**

顧客からの評価
- 顧客内シェア

商品に対する信頼・品質
- 良品率
- クレーム件数

供給の確実性
- 納期遵守率
- ヒット率・欠品率
- バックオーダー件数
- バックオーダー解消日数

重点顧客との関係強化
- 重点顧客の前年伸長率

経営的な視点…結果指標

業務的な視点…先行指標

147

# 8
## 4 SCM管理指標の「見える化」

シンプルなシステムで十分に対応することができる

### ◇ 高額なシステムは"幻想"だった

　昔からMIS（Management Information System）や経営コックピットなどといって、高額なData Warehouse System（データウェアハウス・システム）が購入されてきました。果たして、そうした高額な経営分析、指標管理のシステムはいまでも活用されているのでしょうか。実際には、マネジメントに使われず、数字を計算してはじき出すだけの仕組みに莫大な金額をかけてきた企業も多いのではないでしょうか。

　付加価値を生み出さないシステムに多額の費用をかけてしまったのは、管理指標をきちんと定義せず、こうした高額システムを導入して、とにかくデータを全部投入すれば、その都度いろいろな視点で分析できるという幻想があったからだと思います。

　そもそも、忙しいマネジメントが自ら端末に向かって、視点を変えてデータを入れながら分析する時間などありません。社員も忙しくて、そんなことをしていられません。切り口を変えてさまざまな分析をする（「スライス＆ダイス」と呼ばれる）ことは、マーケティング部門などの一部の専門職以外は行わないのです。

### ◇ 指標管理は簡易な「見える化」システムで

　指標の管理は、ＰＤＣＡの一連のマネジメントサイクルにあるＣ：Checkの業務であって、その業務はPlanがあって、Doの結果がPlanとどれくらい乖離していて、Actionが必要かどうかに気づくために行われるのです。

　つまり、マネジメントすべきポイントはすでに明らかで、その異常にすぐ気づくことができるように指標は決められるのです。毎回、手を変え品を変え分析するということ自体、きちんとＰＤＣＡのマネジメントプロセ

148

# 第8章 ● 拡大するSCM領域に先手を打つために

◀「見える化」に必要な管理指標の構造化▶

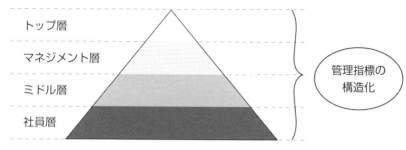

SCM管理指標は、構造化すれば簡易なシステムで十分

| No. | 機能 |
|---|---|
| 1 | 在庫（全在庫） |
| 2 | 回転在庫 |
| 3 | 滞留在庫 |
| 4 | 最大在庫超過 |
| 5 | 目標在庫超過 |
| 6 | 在庫回転率／期間 |
| 7 | 出荷予測誤差 |
| 8 | 在庫変動予測誤差 |
| 9 | 充足率 |
| 10 | 受注バックオーダー |
| 11 | 発注バックオーダー |

| No. | 機能 |
|---|---|
| 12 | 拠点間補充リードタイム遵守 |
| 13 | 拠点間補充納期調整 |
| 14 | サプライヤー納期遵守 |
| 15 | サプライヤー納期調整 |
| 16 | 修理部品在庫比率 |
| 17 | 出荷部品不良 |
| 18 | 納入部品不良 |
| 19 | 出庫（出荷）返品 |
| 20 | 担当者稼動 |
| 21 | 売上げ |

スが機能していない証左です。

　PDCAサイクルを回すために、どのような指標を管理すべきかを考えて、前項で示したようなステップで管理指標を組み上げていけば、おのずとシンプルな管理体系になります。したがって、定義された管理指標をシステムで提示するにも、シンプルなシステムでよいのです。ほしいデータは定義されます。データを提示する切り口も定義されます。あとは、取引データや会計データを持つ基幹システムから、必要なデータだけ引き抜いてくれば済みます。

　あらゆるデータを取り込んで、多面的な切り口で分析する必要はありません。SCMはPDCAマネジメントサイクルなのです。Plan-Doが明確に業務定義されれば、それに関連したSCM管理指標も決まり、Checkの業務が指標の管理として組み上げられるのですから、簡易なシステムで十分です。

## 8
## 5 新製品立上げと終売計画の ルール

ライフサイクルを視野に入れたSCM

### ◇ライフサイクルマネジメントへの拡大

SCMは登場した当時、"物流イコールSCM"という、モノの流れそのものの管理として認識されました。次に、受注して出荷するという、モノの流れをコントロールするための"実行業務"を指すようになり、補充や引当て、出荷指示などをいかに効率よく行うかがテーマとなりました。SCMが紹介された当初喧伝されたウォルマートとP&Gの協業はこの段階です。そして、実行業務を行う前の事前準備段階こそがSCMであるとして、"計画業務"がSCMの中心になってきたのです。海外の有名なSCMパッケージシステムは計画を中心としています。

物流→実行業務→計画業務と、SCMの概念は拡大して、ライフサイクル全般管理が視野に入ってきているのです。「必要なものを、必要な場所に、必要なときに、必要な量だけ」供給するというSCMの概念で通常対応できるのは、定常的に出荷がある安定期です。ところが、製品販売開始の立上げ時の管理と、販売終了時の管理がライフサイクル全般にわたって影響していることが多いことに気づいた会社は、販売定常期以上に、立上げ期、終売期の管理に目を向けつつあります。

立上げ期、終売期の管理は計画系SCMの一領域です。両時期ともに在庫をいかに管理していくかが課題です。もちろん、立上げ期には、製品そのものが予定どおりに発売されることが前提ですが、SCMとしては、計画管理の一環として業務構築します。

### ◇新製品立上げ期のSCM

新製品立上げ期の計画業務では、新製品の需要予測を行います。過去に類似製品がある場合は、そのときの数量を参考にしつつ、予算も勘案しながら計画します。業種、業界によっては初期出荷分を受注するところから

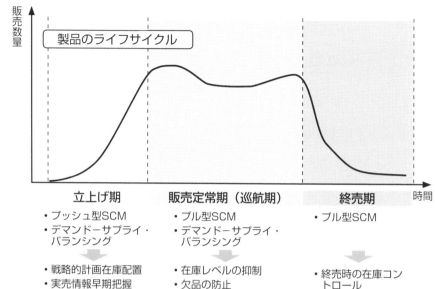

スタートする場合もあります。いずれにせよ、販売開始時に一気に店頭に配備することを可能にすることと、通常、新製品販売時は一気に売れるので、その分を見込んで在庫するために計画生産するのです。

販売が落ち着き定常状態になるまでは、計画的な在庫配備でプッシュ型の計画です。定常期と判断できれば、需要に基づくプル型SCMに移行します。ただし、立上げ段階で販売計画どおりにいかなければ、即、生産ストップの意思決定ができる仕組みも必要です。

## ◆終売期の計画

終売期には、減衰していく需要に合わせて在庫余りが起こらないようにコントロールしていく必要があります。

販売終了と生産終了の相違にも注意が必要です。いい加減なルールで業務を行っている会社が多いのですが、きちんと定義して管理しないと、販売終了後に受注がきたり、生産終了後の特急生産となったりして混乱します。ルール化して収束させる必要があります。

# 8
## 6 商品企画・開発とSCMの連携

会社の枠を超えることで得られるメリットがある

### ◇ 商品企画・開発とSCMの連携

　部品メーカーや資材メーカーは、商品企画・開発とSCMの連携が特に必要になる業態です。部品や資材が高機能化していて、その革新スピードに応じて最終製品の機能も革新されていくような製品を製造するメーカーでは、その傾向がより強くなります。

　典型的なのがインテルです。コンピュータ・メーカーは、インテルの製品開発のロードマップに則って自社の製品開発を行っています。インテルの新製品発表段階から、どういう機能レベルのコンピュータを作るのかを決める製品企画、企画された商品ごとの設計・開発計画が立案されます。同時に、その製品に開発コードネームが付与され、価格政策、販売計画、利益計画、原価計画、調達計画などが決められていきます。このときの調達計画が、長期的な購買数量の合意事項になるのです。

　コンピュータ・メーカーの場合では、機能部品での開発ロードマップに則った商品企画・開発計画に基づいたSCM計画が立案されます。そのときに計画された調達計画数量が再び部品メーカー側に伝えられ、機能部品の長期的な供給の約束として「枠取り」されるのです。

　ここまで周期的でなくとも、機能的な部品や資材を提供するサプライヤーの商品企画・開発は納入先と共同でのSCM計画の枠組みを作り上げるのです。

### ◇ 共同での商品企画・開発のメリット

　商品企画・開発が納入先である顧客とのSCM連携につながると、お互いに大きなメリットを得ることができます。サプライヤー側にとっては、今後の販売数量の確保につながるとともに、設備投資や原材料の購入などのリスクを減らせます。また、新たに開発した製品の場合、不具合や改良

152

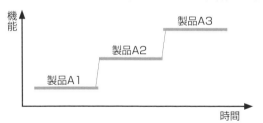

　ポイントのフィードバックを的確に受けることもできます。

　一方、供給を受ける側は、新製品の開発段階から情報を入手できるため、その部品を組み込んだ製品の設計が進めやすくなります。試作を行う際にも緊密に連携して実施でき、製造設計時の不具合出し、改善にも効果があります。また、調達数量を長期的に合意していくことができるので、長期的、安定的に調達数量を確保することができます。

　このようにお互いにメリットがある商品企画・開発の共同化ですが、双方の新製品立上げのSCM計画へと連携させていく必要があります。そのためには、商品企画・開発段階を予算等の経営計画と連携させて、販売計画－生産計画－調達計画とつないで、購入側の調達計画がサプライヤー側の販売計画－生産計画－調達計画へとリンクしていくようにルール化します。長期的な部品の「枠取り」です。

　もし、購入者側の販売が不振で計画未達の場合、部品調達量を減らしてもよいか、その穴埋めをどうするか、逆に部品が足りない場合はどうするかなどを常にマネジメント層同士で合意できるようにします。

153

# 8
# 7 顧客購買ライフサイクル管理

### 製品の購入段階から顧客情報を積み上げる

## ◇一度つかまえたら生涯囲い込む

　世の中が成熟化し、これだけモノがあふれてくると、製品機能だけで新規顧客を獲得することは難しくなってきます。コモディティとか、成熟化商品とかいわれる商品は、製品機能の差別化だけでは、なかなか選んでもらえません。

　一説には、新規顧客を獲得するコストは、既存顧客を引き止めるコストの5倍から10倍かかるといわれています。そこで、一度つかんだ顧客を囲い込むことが重要になってきます。そのときの考え方の枠組みが、「**顧客購買ライフサイクル管理**」というものです。

## ◇段階ごとの「囲い込み」の方法

　以下、自動倉庫を購入するケースで考えてみます。

　自動倉庫は、たくさんのメーカーが供給しています。入庫、ピッキング、出庫、保管、データ記録などの機能面からは、大きな差別化要因もみつけにくくなっています。このような状況で、顧客の引き合い段階から、顧客を決して放さない「囲い込み」の方策を採ることが肝要です。自動倉庫は、個別受注型の生産を行うため、引き合い、見積り、設計・生産、設置の段階ごとにSCM的に重要な視点があります。

　まず、「引き合い段階」です。この段階では、標準機器とカスタマイズ部分を開示して、顧客情報、引き合い情報を登録します。SCMというよりも、CRM（Customer Relationship Management）の領域でいわれる内容ですが、SCMの顧客接点はCRMなのです。過去に取引がある場合は、その内容を把握し、ニーズを確認します。

　次に「見積り段階」です。この段階は、かなりSCMに関係してきます。いかに早く、正確な見積りをするかが1つの鍵です。標準機器とカスタマ

154

**◀収益最大化を狙う顧客購買ライフサイクル管理▶**

イズ可能範囲とその組み合わせがすぐわかる「**コンフィグレーション**」の機能を持ち、ここで組み上げた仕様で即、見積りができるような、見積りシステム連動機能を持たせると、さらにサービスレベルが向上します。

「生産計画・製造・納期管理の段階」では納期管理とコスト管理をきちんと行います。この段階では、生産と機器を設置するための工事日のスケジュールが組まれるので、プロジェクト管理の仕組みが必要です。

最後は「納入・設置（引渡し）の段階」です。ここは、顧客とアフターサービスで関わるSCMのスタート地点になります。設置情報をきちんと収集・情報化し、今後の保守、再購入の提案に向けたデータベースを構築します。

納品後は、顧客を囲い込むためにも、アフターサービスの高い品質が求められます。点検記録の保持、修理の迅速化、補修部品のタイムリーな提供、修理履歴の保持などアフターサービスの品質を上げることで、顧客のビジネスを支援できれば、再購入に結びつくのです。

# 8 サービスパーツロジスティクスとは

## 補修部品のSCMが競争優位と収益を生み出す原動力

### ◇サービスパーツロジスティクスとその意義

サービスパーツロジスティクスとは、補修部品、修理用部品、消耗部品など、本体機器の販売後に供給される重要な品目に関するSCMです。作れば売れる時代では、本体機器の営業部門が花形だったため目立たないビジネス領域でしたが、市場の成熟化に伴い脚光を浴びるようになりました。

なぜ脚光を浴びるようになったかというと、まず、会社の競争優位を築くことができる領域だからです。前項で書いたように、本体機器での差別化が困難になってきた中で、顧客がビジネスを止めなくて済むように、保守・点検や修理時に確実に、迅速にサービスパーツを届けることができれば、非常に高い評価を得ることができます。たとえば、トラックなどの商用車業界では、アフターサービス、特にサービスパーツの供給確実性が大きな顧客満足になっており、これが不確実なメーカーは、次の買い替えの際、候補に挙がらないおそれさえ出てきています。

また、サービスパーツは収益の柱にもなります。多くの業界では、売上げ比率でみると製品対サービスパーツで9対1程度ですが、利益は1対1で、それだけサービスパーツは儲かるのです。機器の使用年数が長期化する昨今では、本体機器の利益よりも、アフターサービスで収益を上げることが定着している業界もあるほどで、サービスパーツロジスティクスは疎かにできません。

### ◇サービスパーツロジスティクスの特徴と狙うべき枠組み

サービスパーツロジスティクスには、①供給遅れは顧客の満足度を極端に下げる、②取扱品目数が多く管理が大変、③滅多に出ない間歇需要品の予測が難しい、④長期間にわたって管理する必要がある、⑤サプライヤー

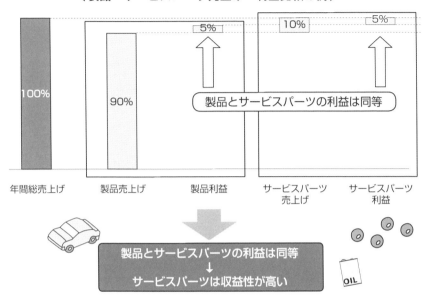

が供給部品を生産中止する場合は大量買いが必要、⑥修理と連携しないと仮出庫などの管理が煩雑化する、などの特徴があります。

①、②については、すでに書いてきたとおりの手法で対応できます。すなわち、在庫の層別管理、層別配置による供給の確保、迅速な物流体制の構築が挙げられます。サービスパーツセンターを独立の事業と位置づけ、グローバルパーツセンターを立ち上げる会社も増えてきました。また、迅速な物流体制を構築するため、物流業務をアウトソーシングするサードパーティー・ロジスティクスの手法も導入し、いままでのコストセンターという位置づけから、売上げ・利益を稼ぎ出すプロフィットセンター化する会社も現れています。

その他の特徴についても、すでに本書で説明してきたような考え方に基づいて解決してSCMを構築していくことができます。ただし、⑥に関してだけはサービスパーツに特徴的なことで、修理部位の特定ができないときに、仮に部品を出庫し、使わなければ戻すという業務があります。この点は、業務ルールを明確化する必要があります。

# 8
# 9 グローバルSCMを実現するために

連結経営マネジメントには海外拠点の協力が必要

## ◇ 海外販社、海外工場は独立会社か

　今日では、海外に販売拠点を持っている会社も多く、また、生産拠点となる工場もアジア各国、欧米でたくさん建設されています。日本の製造業であっても、世界各国の販売、在庫、仕入れ、生産、調達の状況と計画を管理する必要性に迫られているのです。

　ただし、SCMをグローバルに構築しようとするといろいろな問題が出てきます。特に、海外販社や海外工場が、「グローバルSCM」という考え方に従うかどうかは重要です。連結対象でなければ、本社のコントロールが効きにくくなります。その会社の所有者でないため、これは仕方がない話ですが、もし、海外販社や海外工場が連結対象であれば当然、本社のコントロールに従わなければなりません。

　しかし、現実はそう簡単にはいきません。連結対象となっていても、海外販社や海外工場は、あたかも独立会社のように振る舞うことが多々あるのです。

　理由の1つは、海外販社や海外工場は単独での予算達成で評価されるからです。SCMとしては、世界中の在庫を減らしたいと考えても、各国財務成績による開示に対して責任と権限を持っている海外販社や海外工場が、本社の指示に従わないことがあります。また、在庫過多なので生産を止めようとしても、それに応じると予算達成が困難になる海外工場が従うはずはありません。

　もう1つの理由として、顧客に対する責任と供給の不安があるため、本社の指示に従わない場合があります。

　顧客に対する責任と供給不安は表裏一体です。顧客と直接ビジネスをしている海外販社が状況を一番知っているので、判断は販社がすべきだという考えがあります。また、海外工場や日本の工場からの供給に不安がある

158

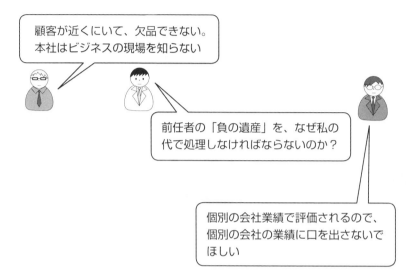

場合、顧客に迷惑をかけないように「安心」在庫を販社の責任で保持するという考えもあります。

しかし、これでは本社が連結でSCM改革を進めたくても、海外販社や海外工場が協力体制にないことになってしまいます。組織の壁が相変わらず残るのです。

## ◇SCMの枠組みとしての連結予算管理、連結業績管理のリンク

このような単独会社での活動をグローバルSCMとして、グループ全体で「必要なものを、必要な場所に、必要なときに、必要な量だけ」供給し、その反対に、必要でなくなったときには供給も生産も調達も止めて、ムダな在庫を持たずに済むようなマネジメント体制に移行する必要があります。そのためには、単にオペレーションとしてのSCMを構築するのではなく、連結予算管理、連結業績管理とリンクしたSCMを構築する必要が出てきます。

# ───column───────────────────

## SCMとプロダクトマネジメント

### 組織・機能軸ではなく、製品軸でのマネジメントの必要性

#### ■機能別組織を専門的に進化させてきた企業では対応しきれない

　長い間、企業は機能別組織を進化させてきました。営業、生産管理、購買、生産技術、設計、会計といった各組織はそれぞれの機能に特化し、それぞれの管理方式を深掘りし、専門家としての各機能別組織が完成していきました。「作れば売れる時代」であれば、同じことの繰り返しですから、機能別組織がそれぞれ頑張った分の成果の足し算が全体の成果になっていたのです。

　しかし、状況が一変しました。激しい変化と競争のため、設計段階、もっと遡って製品企画や原価企画の段階や、営業商談による仕様提案の段階も含めて、部品・原材料の標準化・共通化、量産時の製造のシンプル化といったコストダウンを組織横断で検討しなければ、製品競争力も、コスト競争力も創出できない世の中になったのです。また、原料の先行調達や先行生産、終売・生産終了といったリスクをとる必要のある判断は、個別組織だけではできない世の中になったのです。

　こうなると、縦割りになりやすい機能別組織に横串を指す、製品軸のマネジメントが必要になります。それがプロダクトマネジメントです。製品の企画からはじまり、設計、試作、原価企画、マーケティング、販売・量産・調達、終売、後継引継ぎまでの製品のライフサイクル全般を管理する仕組みがプロダクトマネジメントです。

　プロダクトマネジメントは「プロダクトライフサイクルマネジメント」とも呼ばれ、強い製品を継続的に生み出す仕組みとして、SCMと合わせて重要なフレームワークなのです。

# 第 9 章

# SCMの過去と将来の課題

# 9
## 1 海外パッケージは本当に使われているのか
### システム主導で強引に導入したケースでは失敗している

### ◇かつてSCMパッケージが大量に導入されたことがあった

2000年前後に、SCMというコンセプトとともにSCMパッケージが日本に紹介されました。「海外のエクセレントカンパニーは、このSCMパッケージを導入してSCMを成功させた。ベストプラクティスが入ったこのシステムを導入すればSCMが構築できる」と売り込まれ、多くの会社が莫大な金額を払ってSCMパッケージを導入しました。

そのシステムをいまでも有効に使っている会社がある反面、稼動さえできなかった会社、不満を抱えつつも使い、償却時期が過ぎたので近く廃棄予定の会社とさまざまです。

うまくいっている会社がある一方で、うまくいかなかった会社があるのは、なぜでしょうか。

### ◇なぜ、SCMパッケージはうまくいかなかったのか

SCMパッケージ導入がうまくいかなかった原因としては、以下のようなことが考えられます。

①ビジネスのあり方を無視した導入

いままで書いてきたように、SCMはマネジメントの体系です。各社の戦略方針、選択されたビジネスモデル、生産や輸送などの制約条件がそれぞれ存在しているにもかかわらず、一般化したSCMパッケージシステムでカバーできるはずがありません。

②業務サイドメンバーの承認を受けずに実施

制約などがあって、正当な理由で行われている業務もあることを無視して「システム機能に合わせるべき」との指針で、半ば強引に導入したのでしょう。業務サイドメンバーの承認を得られなかったものを、いくら使えといっても無理があります。

162

### ③情報システム主導で推進した

　パッケージの機能ありきでシステム導入を実施すると、いままで書いたように、業務として必要な機能が取り落とされます。情報システム部員の業務に対する知識が少なくなっているなかで、パッケージ依存の進め方になり、不要な機能の過剰な実装と必要な機能の取り落としが生じたのでしょう。

## ◆SCMシステム入れ直しの大波

　事業環境も変わり、SCMシステムの入れ直しの大波がやってきています。今度は、きちんと業務サイドと連携して、ビジネスモデルや制約と整合したSCMのモデル化（類型化）、業務設計を行う必要があります。そして、マネジメント層の承認と業務サイドのコミットメントを獲得したあとで、シンプルで必要十分なシステムを導入すればよいのです。

# 9
## 2 コミュニケーション型の 安価なシステムへ

ロジックよりも大切なのは、誰にでもわかりやすいこと

### ◇ 誰もわからない難解なロジックは不要

　従来、SCMでは高度なロジックが実装されていることが優れている証拠のようにいわれていました。しかし、そもそも数学的に正しいとか、あらゆる詳細な条件を見ることができるからといって、それがマネジメントとして意味があるとは限りません。

　ロジックの正否はともかく、シンプルでわかりやすいほうが判断しやすく、意思決定もしやすいはずです。

　たとえば、「需要予測担当者が"クロストン法"で予測しました」と提出した数値に責任が持てるでしょうか。おそらく、担当者は過去の出荷実績傾向と比べたり、同年同時期と比べたり、出荷異常がなかったか、キャンペーンはないか、拡販はないかと調べて、安心してから初めて予測を計画として確定させるはずです。

　それでも出てきた予測結果に納得がいかない場合、統計予測モデルのパラメーターやロジックに問題があると考えるでしょう。そのとき、自分の理解が及ばない統計モデルの問題点を指摘できるでしょうか。

　「移動平均です。季節変動です」といわれれば、直感的にロジックは理解できます。難しいモデルはやめて、理解できるロジックを参考に、過去のデータも参照しながら、最後は人間が責任を持って確定できる計画システムで十分なのです。同じ画面を見ながら議論しても、前提や過去の情報や計画ロジックが理解できるからこそ、議論して納得して、意思決定できます。シンプルで、過去といまの状態が見えて、将来の計画が見える、共通のコミュニケーションシステムであることのほうが重要なのです。

　需給計画で見た制約条件についても同様です。複雑な制約チェックシステムにしなくても、どの部材が切れたとか、どの生産ラインが能力の上で逼迫しそうとかは、計算で自動化して割り付ける以前に、簡単な情報で人

164

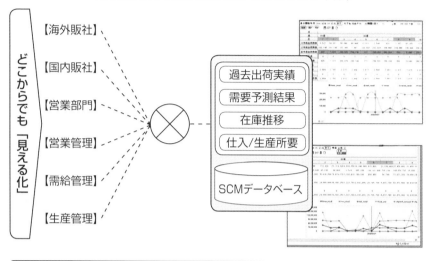

間が気づいて処理できるのです。数億円をかけてシステム化しなくても、数人の優秀な計画担当者を育てれば十分です。

## ◇SCMシステムはコミュニケーション型のシンプルなものになる

2000年前後に巨大で複雑なSCMパッケージで失敗した会社は、そのときの反省を活かして、SCMの計画システムはシンプルで、人間が理解できるもので十分との認識に至っています。もちろん、すべての会社がそうではありませんが、そもそもSCMはマネジメントであって、人間が意思決定するのであれば、現状と計画と、計画が実施された場合の未来の状況が「見える化」されれば役目を果たせます。

「社員は凡人で単なる作業者で、天才的なエリートが考えたシステムに従うのを是とすべし」という考え方は、特に、日本の製造業の場合は受け入れられません。システムが出した答えに盲目的に従うのではなく、まずは状況を確認し、数字に責任を持つ人間が、議論の末、共通理解をもって意思決定していく経営土壌があるからです。

## 9
# 3 「SCMシステムによる自動化」は 幻想か

### 機械的な意思決定が難しいだけに、ベテランの負う役割は大きい

### ◇システム投資より人間への投資を

　需要予測システムの導入に数億円を投じた会社があります。大学教授を招き、統計的に正しい予測モデルをコストと時間をかけて作り上げましたが、そのシステムは使われたことがありません。ベテランによる予測のほうが、精度が高いからです。

　また、生産ラインと部品と金型の制約を同時に最適化しながら、納期を守る計画生産システムを開発した会社もありました。数億円を投じ、2年以上かけて導入したシステムは、残念ながら使われていません。計算だけで半日もかかり、少しデータを変えたシミュレーション結果は翌日でないと確認できないのです。このシステムを使うよりも、ベテランが条件を確認して立案したほうが早いからです。結果もベテランの勝ちです。

　さて、高度なSCMシステムは、導入に数千万から数億円、その後のメンテナンスでたいていは年間数千万円かかります。しかし、システムの寿命は10年未満でしょう。使われなくなっても、保守契約をしていると保守料金がかかりますし、ハードウェアの償却費も発生します。計画担当者が不要になるわけでもないので、人件費も相変わらずかかります。

　一方、年間で見てもベテラン1人分の人件費はそんなに高くないでしょう。一度ベテランとして育ってしまえば、人件費以外にかかる経費は教育費程度です。システムに億単位で投資するより、エキスパートとして人材を養成することの大切さをおわかりいただけるのではないでしょうか？

### ◇SCMシステムはSCM上の意思決定を支援する道具

　サプライチェーンに関わる意思決定は、人間がビジネスの方向性に沿って行います。あらかじめ限定されたロジックに従って、機械的に意思決定できる代物ではありません。**SCMシステムさえ導入すれば、問題が解決**

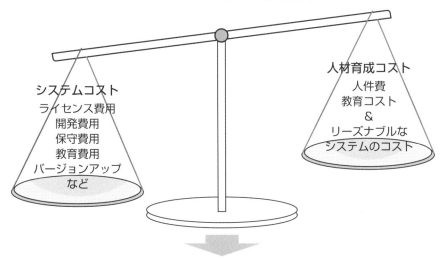

◀「システムＶＳ．人材」の費用対効果▶

費用対効果や、人材のやる気も考慮して選択する

するわけではないのです。

　もし、扱い品目が多ければ、担当を分割し、人間を増やせばいいのです。扱い品目が多いから高額なシステムを入れる、というのは変な話です。判断するのは人間なのであって、もし品目が多くて見切れないのでシステムに任せようという考えであれば、そもそもさほど重要な品目ではないのです。それならば、簡単なシステムにして投資を抑え、必要なタイミングでチェックして直していけば十分でしょう。

　それに、もしグローバルＳＣＭを実現したい場合、現状で各拠点がどのような状態で、どのような意思決定をして、将来どうなるのかといった状況さえ見えないのに、高度なＳＣＭシステムを導入して自動計算させても無意味です。

　まず、簡易な仕組みで、各拠点の現状と販売計画、在庫計画、仕入れ・生産計画、調達計画を持ち、拠点相互でどのような需給の連鎖になっているのかを把握するべきです。そのあとに、ベテランが判断して計画案を作り、必要に応じてマネジメントの決裁を受ければ十分なのです。

# サプライチェーンの「見える化」とは

需要情報と供給情報の現状と将来をコントロールする

## ◇SCMの「見える化」とは

　SCMの「見える化」は、需要情報と供給情報を把握し、かつ、その変化の異常、需給バランス、需要と供給の差異、在庫変動上の異常を早期に把握し、その影響を検証したうえで意思決定につながるアクションがとれる仕組みを構築することを目指します。

　需要情報として、どのような需要があるのか、前回の計画に対して突然の需要増や需要減があるのか、顧客の購入予定が実際の発注段階でどれほど相違したのか、販社から工場にいくつ発注されているのか、などがまず見えることが必要です。需要情報がどうなっているかを把握することが、SCMの基本だからです。さらに、需要変動が大きすぎる場合、警告が出てくるようにすれば、すばやく異常に気づくことができます。

　一方、供給がどうなるかの情報が供給情報です。発注数は生産、倉庫への入庫予定として充たされているのか、納期は守られているのか、需要の要求が充たされない場合、在庫への影響や欠品のおそれはどうか、あるいは、工場が休業するため、事前準備する在庫がどれほど積み上がるのか、など供給情報がどうなっているかを把握することが、SCMのもう1つの基本です。需要情報と同様に、異常が発生した場合は警告が出るようにしておけば、すばやく異常に気づくことができます。

## ◇サプライチェーンが見えると、コントロール力が上がる

　SCMの「見える化」が達成できれば、SCMをコントロールすべきレバーを手に入れたようなものです。

　しかし、ほとんどの会社は自社のサプライチェーンの現状と計画状況が見えていません。いわゆるエクセレントカンパニーと目される会社でも、「わが社のSCMは成功している」と喧伝している会社でも、ほぼ同様で

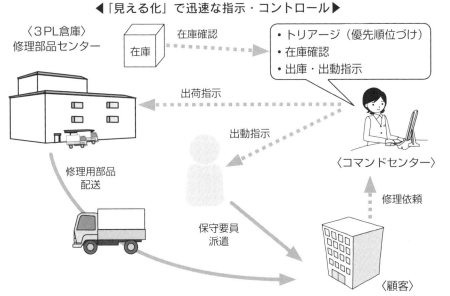

す。

　担当者の努力により支えられているのが実態で、マネジメントの意思決定などないに等しい会社が多いのです。「在庫を減らせ」の一点張りだったり、競合会社の雑誌発表を見て、扱い商品や対応している業界がちがうのに同じ目標値を掲げたり、とてもマネジメントとしての状況分析、判断、意思決定ができているとは思えないケースもあります。

　つまり、多くの会社では、将来の販売計画の動きがどうなっていて、それに対応する在庫はどのように準備され、どう生産や調達で供給されるのかがよく見えないなかで、業務が遂行されているのです。

　サプライチェーン全体を「見える化」すると、状況は一変します。すなわち、将来どのような販売計画があるからこの在庫準備なのだ、工場が生産停止する都合で一時在庫を積み増すのだ、戦略商品なので先行で在庫を配置するのだ、一気に売り切るので欠品になっても放っておく、などの戦略性のある意思決定ができるようになります。

# 9
## 5 ERPとSCMの関係
業務実行系と計画系で相互に機能を補完する

### ◇ERPはSCMシステムとは別物

いまでも、ERP導入プロジェクトをSCMプロジェクトと呼ぶ会社があります。プロジェクト立上げの謳い文句は、「SCMを構築するため、ERPを導入する。在庫削減効果○○億円」といった具合です。

しかし、SCMはマネジメントです。一方、ERPは統合基幹システムで、会計や受注、出荷、発注を行う実行系システムであって、将来の計画や判断を促すSCMとは別物です。

たいていのERPシステムは、伝票を起票しつつ業務実行の「引き金」を引き、その結果を記録し、会計データにつなげていくように組み上げられています。このようなシステムを使って、在庫や欠品率などのSCMに関連した目標値が設定できるというのは、業務実行にミスが多いとか、きちんと指示がされていないとか、記録がタイムリーにとられていないことによる指示ミスとか、作業レベルの問題を抱えていることを暗に認めていることになります。

ここまで説明してきたように、SCMは将来にわたったビジネス上の構想と、現状と長期的な計画を見据えたスピーディー、かつ、短サイクルでの判断と意思決定なので、ERPで実行を指示するための計画を立て、ERPを通じて実行指示を出すものです。つまり、頭脳はSCM側にあって、ERP側にはないのです。

### ◇ERPはデータベースで、SCMに不可欠なデータソース

まず、きちんと押さえないといけないのは、ERPではSCMが目指すような目標・効果は狙えないし、狙えたとしてもさほど大きな効果は期待できないということです。実行上の問題の修正で改善できる在庫や欠品は微々たるもので、計画をきちんと立て、状況にすばやく対応するSCMシ

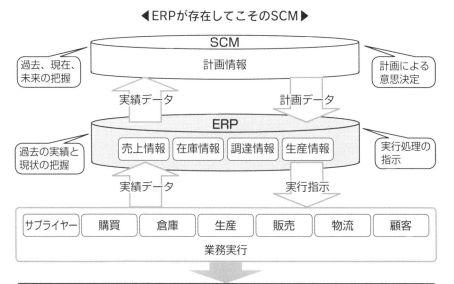

ステムがないと、大きな効果は狙えません。

　計画管理としてSCMシステムが構築できないと、迅速な状況把握や意思決定は困難で、ERPを導入しただけでは迅速な処理はできても、大幅に在庫や欠品が減ったりするケースはあまりないのではないでしょうか。

　しかし、ERPが重要でないと言っているのではありません。逆にERPは非常に重要です。なぜなら、実行指示や実行データがないと業務そのものが成り立たないため、**ERPなどの実行系システムは不可欠**です。SCMシステムも現状データ、実績データがないと動きません。逆に計画系システムは、最悪の場合はなくても表計算ソフトなどで代替できるのです。

　業務実行上、ERPに代表される実行系システムは不可欠です。SCMの計画系システムにとっても、データソースという意味では欠かせない存在なのです。

　「ERPは業務実行のインフラで、SCMシステムとは別」という認識が少しずつ一般化してきています。

# 9
## 6 アジア各国の計画・実績の「見える化」
### 生産拠点、販売拠点として成長著しい地域とのSCM連携

### ◇ 生産拠点としてのアジアの変化

　日本の製造業がアジアに進出して工場を建設していったのは、現地の人件費の安さなどのコスト面に注目したからでした。とにかく工場を建設して、業務ルールやシステムは後回しで量産体制にこぎつけ、生産も、生産管理もすべて人海戦術で行ってきました。したがって、海外工場の生産や在庫、出来高の管理等は大雑把なものにして、きめ細かいコントロールではなく、大量に安く作り、少々の納期遅れも大量の在庫でカバーしてきたのです。

　工場内やアジアの拠点内業務整備の遅れとあわせて、システムインフラ、通信インフラの整備も遅れていました。日本からの生産指示はFAX、現地からの納期回答もFAX、一歩進んでメールといったところが関の山でした。現地のコンピュータ・リテラシー（操作能力）も低く、とてもコンピュータを導入できる状態ではなかったのです。

　しかし、アジア各国は、日本の下請けでも低コスト製造拠点でもなくなりつつあります。付加価値の高い製品、部品を生産する重要な拠点になってきているので、各拠点が密に連携し計画を共有していかないと、「必要なものを、必要な場所に、必要なときに、必要な量だけ」供給するというSCMの目標は達成できません。

### ◇ 販売拠点としてのアジアの台頭

　コストが安いなどの理由で主に生産拠点と見られていたアジアですが、最近は購買力も上がってきて、にわかに販売拠点としての重要度も増しています。2016年のGDP（国民総生産）では中国は日本を抜いて2位に、インドは7位、インドネシアが16位、トルコが17位に入っています。

　こうした経済成長により、人件費も上がってきています。1人当たりの

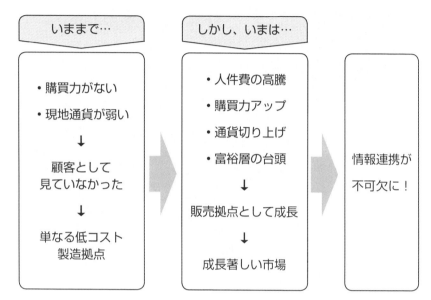

GDPではまだ先進国に及びませんが、所得水準も上がって、世界への製品供給基地というだけでなく、大口の顧客にもなりつつある姿がうかがえます。

　そうなってくると、販売拠点での販売計画や在庫計画、仕入・生産計画の精緻化が求められてきます。いままでは商社を通して販売したり、あるいはアジア販社の業務レベル、システムインフラレベルが低く、いい加減な計画で済んでいたりした状況が大きく変わってきているわけです。

　実際、日本の大手メーカーの現地販売法人では、手作りした現地の販売・在庫・仕入れ状況の「見える化システム」を使って、販売計画や在庫計画の共有をはじめています。そうしないと、購買力の上がったアジア拠点に、「必要なものを、必要な場所に、必要なときに、必要な量だけ」供給するというSCMの目標は達成できなくなるからです。

# 9
## 7 「PSIの見える化」は日本の強み

### 天才による自動化計画ではなく、実績に照らした意思決定を!

#### ◇日本生まれの「PSI」

PSIという需給計画は日本発祥です（第4章2項を参照）。私は、日本の製造業の強みは、このPSIにあると思います。

欧米型のSCMでは、統計の天才か経営工学の秀才が考えた計画ロジックと計画システムが正しく、オペレーションを実行する人間の頭脳を信用しないという考えがどこかにあるように見受けられます。「計画担当者はこのシステムを使って計画すべし」との業務規定があり、作業者はその取り決めに従って業務を遂行します。取り決めどおりに作業をするのが決まりなのですから、当然でしょう。システムが計算した「最適値」で発注することが強く求められます。

ところが、日本の計画担当者はちがいます。責任を感じて、「なぜこの数字なのか、大丈夫なのか」を突き詰めます。そのとき、役に立ってきたのがPSIの情報なのです。過去出荷実績に照らして、この販売計画は正しいのかという「S」（Sale）のチェック、在庫はこれで大丈夫か、販売変動リスク、供給リスクに耐えられるかを判断する在庫計画の「I」（Inventory）のチェック、そして、生産要求は充たせるのか、入庫予定は大丈夫かという「P」（Production）のチェック、そして総合的にPSIを検証し、計画決定するのです。

PSIが「見える化」し、マネジメント層にも共有され、予算と連動して意思決定されることで、マネジメント上の計画になっていくのです。

#### ◇「PSIの見える化」とは

総括して言うと、「PSIの見える化」とは、PSIの過去、現在、未来が見えることで、未来の計画に影響が出そうな状況を事前に察知し、アクションの意思決定をできるようにするということです。したがって、過去の

### ◀PSI表で迅速な意思決定▶

|  |  | 現在 |  |  |  |
|---|---|---|---|---|---|
|  |  | X－1月 ▼ | X月 | X＋1月 | X＋2月 |
| P<br>Production Purchase<br>生産計画・調達計画 | 生産　実績／計画 | 10 | 0 | 0 | 0 |
| S<br>Sales / Ship<br>販売出荷計画 | 販売　実績／計画 | 10 | 10 | 10 | 10 |
| I<br>Inventory<br>在庫計画 | 在庫　実績／計画 | 20 | 10 | 0 | －10 |

X＋1月に
在庫切れ

実績＝過去　　　　　計画＝未来

PSI表はPSIの過去、現在、未来を「見える化」したもの

- 在庫低減、欠品の回避（早期のアクセル・ブレーキ）
- 緊急出荷による空輸費用等の物流費削減
- 業務の「見える化」による業務責任、権限の明確化
- 業務の「見える化」による改善点の明示化
- 生産計画と、輸送計画のマッチングによる納期回答
- 生産計画、輸送日変更による影響確認

計画と実績の対比があり、その対比を反映した現在があり、さらに未来の計画に対して、過去・現在の結果がどう影響し、未来の計画をどう変更すべきかを見積もることができるようにすればよいのです。

　**アウトプットはPSI表**です。PSI表には、PSIの過去、現在、未来の数字が表示されているだけです。グラフもあるとよいでしょう。PSI表があれば、いつ在庫が切れそうかがわかります。販売（S）と入荷（P）から在庫（I）が受け払いされて、いつ少なくなるかがわかります。そうすると、発注して入荷（P）を増やし、在庫（I）を増やさないと欠品することがわかります。

　あるいは、販売（S）が落ちてきて、どこかで在庫（I）が膨れ上がるのが見える場合もあります。このケースでは発注（P）をやめ、在庫（I）を減らします。

　こうした意思決定結果でどういう影響がでるのかということも、PSI表上でシミュレーションを行い、在庫をコントロールするのです。

## 9
## 8 セールスパイプラインを
可視化する効果

商談プロセス管理とSCMの連携によって企業収益が向上する

### ◇セールス活動管理や日報管理とは分けて考える

　商談管理には大きく2つの機能があります。1つがセールス活動管理、もう1つがパイプライン管理です。

　いままで商談管理というと、セールスマンの活動管理と日報管理が主体でした。セールス活動を計画し、1日に何件顧客を回ったのか、何人に会ったのか、どのクラスの人に会ったのか、どれくらいの時間を面談に費やしたのかといった活動を日報や週報の形で報告し、セールスマンの活動と商談内容の把握を目的として管理が行われています。

　セールス活動管理は、移動が多すぎるとか、重要な顧客に会っていないとか、セールス活動での時間の使い方とセールスの質的な管理に使われています。SCM改革として商談管理の検討をすると、必ずこうしたセールス活動管理の話題が出ますが、SCMの計画業務に関連する度合いは低いため、SCMとしてこの分野に深く踏み込むことはありません。

　商談管理システムの中には、セールス活動管理を主軸にしているものがありますが、SCMとして重要なパイプライン管理が実装されている商談管理システムを検討対象にします。

### ◇商談管理システムの進化とプロセス定義の必要性

　商談管理システムは、かつてCRM（Customer Relationship Management）システムと呼ばれ、顧客取引実績データの管理を中心に、いろいろな機能を備えています。商談管理を行うシステムとしてはSFA（Sales Force Automation）システムというものもあります。こちらのほうがより商談プロセスの管理をイメージしやすいですが、もともとはセールス活動管理を主目的にするシステムでした。結局、システムの分類はあくまでシステムベンダー都合によるものなので、呼ばれ方や分類を気にせず、CRM、

176

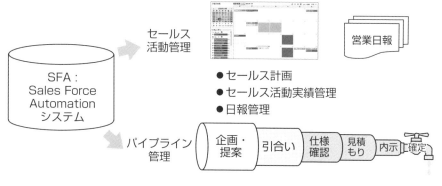

SFAともに持っているシステム機能で判断して、採用を検討すべきです。

　近年、商談管理が重要になってきているため、CRM、SFAともに商談プロセス管理を実装していることが当たり前になってきています。

　ただし、システムに機能として商談プロセスが定義されていても、企業側で商談プロセスがきちんと定義されていないことも珍しくないため、システムを導入する際に改めて商談ステージの標準化と定義を行う必要があります。営業の商談管理が属人化していることが多く、プロセスが管理できていない企業がとても多いのです。

　商談プロセスは第3章8項で説明したとおり、一般的に「企画・提案」－「引合い」－「要件検討」－「見積もり」－「内示」－「確定」－「契約・受注」というステージがあります。こうしたステージも、業界や企業によって異なるので、きちんと自社の商談ステージを定義する必要があるのです。

## ◇パイプライン管理でステージを進捗させ、売上げを確実にする

　商談ステージで商談の進捗管理を行うのがパイプライン管理です。あた

かもパイプラインの中を商談が流れていき、最後に契約・受注となってパイプから流れ出すイメージです。商談を増やし、一度発生した商談が確実に、かつ速くパイプの中を流れ、契約・受注につながるように管理していくことで、売上げを増やすことが目的です。

　したがって、パイプライン管理は商談見込数、商談化数、商談売上規模・利益規模見込み、商談のステージ進捗を管理します。商談がすべて契約・受注につながるとは限らないので、見込みを増やし、商談数を増やし、確実に商談が進捗するように管理していく必要があるのです。

　パイプライン管理ができれば、商談プロセスが可視化され、商談管理が合理的になります。どれだけの売上見込みか、確実性はどうか、営業がサボっていて進捗していないか、負けた商談はどれで、負けた理由は何かといった商談の質の管理もできます。

　結果的に商談活動の質が上がることで、第3章8項で説明したように営業、生産、調達、設計と連携したSCMが実現して、企業収益の向上につながるのです。

# IoTの進展によるSCMへの影響

実績収集の高速化とアフターサービス領域の囲い込みが可能に

## ◆容易でスピーディーな実績管理がスマートファクトリーを実現

　インターネットが発達し、IoT（Internet of Things）という、すべての情報がインターネット上で交換できる世界になりつつあります。さらにセンサー技術と融合して、データ収集の自動化、高速化が可能になったため、生産実績や物流情報、在庫情報を即座に収集し、分析できるようになってきたのです。

　システムインフラが整い、工場の機器とも接続されたことで、作業指示、作業実績をシステム経由で受け渡しすることが可能になりました。従来、紙の指図書やマニュアルに従っていたため分析やアクションが日に1回、下手をすると週1回や月に1回で行われることが常でしたが、工場にIoTが導入されれば、即座にデータが収集され、異常に対して迅速なアクションをとることが可能になってゆきます。

　さらに進むと、工場の作業指示がフレキシブルになり、計画変更はもちろん、生産に必要な作業手順や部品出庫、治具の切り替えも即時にできるようになります。必要な構成情報や作業手順書の送信が自動化され、自動機器が必要な加工プログラムを読みだし、自動で生産切替えができるというわけです。

　より知的で俊敏な運用が可能な、いわゆる"スマートファクトリー"が実現するのです。ドイツの唱えるIndustry 4.0なども同様に工場のインテリジェント化、スマート化を謳っています。

　しかし、工場単独でスマート化しても、実際の製造要求はSCMの需給計画によるものですし、生産計画が変更されたあとの入庫予定は実行系の基幹システムに返さなければなりません。スマートファクトリーは工場単独のインテリジェント化で語られがちです。しかし、効果を最大化するなら工場と連携するSCMシステムや基幹システムであるERPとの連携を果

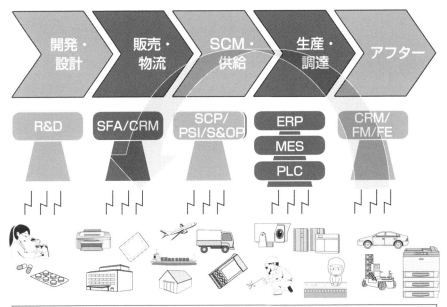

たさなければなりません。

　工場の実績収集だけが自動化されたものはスマートファクトリーでもなんでもなく、単に人手がかからなくなっただけです。これでは、高額のセンサー機器、ネットワークとシステム導入の投資に見合いません。SCMと連携して初めて、スマートファクトリーはサプライチェーン上で意義を発揮するのです。そのためには、機器導入に走るのではなく、全体としての効果や目的を見極めて、投資をしていかなければなりません。

## ◆販売した機器の稼働管理と補充管理の高速化

IoTは、工場だけでなく、機器を販売している企業のビジネスモデルを変えるインパクトも持っています。すでに一部の業界や企業では実現されていますが、機器の稼働管理、故障予兆があるときのサービスマン派遣、リモート保守、消耗品補充の指示などがインターネット経由で可能になってきています。

## ◆IoTによる稼働管理でビジネスモデルとSCMプロセスが激変

故障したり、消耗品がなくなったりしてからでは、顧客に納入した機器の稼働が保証できません。先読みしたデータを迅速に収集することで、製品を売ることではなく、稼働を保証することで収益を上げるサービス業的なビジネスモデルにシフトしていくことができるのです。

インターネット経由で機器の稼働を監視できれば、顧客へのサービスや消耗品補充などのアフター領域のSCMが囲い込めます。

一部の重機メーカーや商用車メーカーでは、機器の稼働管理を通じて運転技術や運行技術の良否を判断し、燃費のよい運転方法や故障を避ける操作方法などの指導も可能になってきています。機器類は稼働率が高いほど早期に投資回収でき、燃費がよいほど余計なコストがかかりません。運転方法や操作方法を指導することで、機器の「売り切り」ビジネスにとどまらず、付加価値の高い新たなサービスビジネスが可能になるのです。

# 9
## 10 ロボティック・プロセス・オートメーションとAIの導入

ITの進展と人件費高騰・人員不足がロボット化を促す

### ◇生産・物流領域の先にあるビジネスプロセスのロボット化

IoTとIT（情報システム）の進展によって、今後、工場などの直接現場だけではなく、ホワイトカラーの間接業務にもロボットが導入されていくことでしょう。このロボットは目に見える形で作業を行うロボットと異なり、システム内のプログラム上に存在することになります。

間接業務にはたくさんの作業者に依存した処理が存在しています。したがって、多くの間接業務において、作業者のデータ転記、判断、作業指示がなければシステム処理できないというのが実態です。

こうした作業者の処理をシステムで自動化していくことを**ロボット化**と呼んでいます。これから間接業務にもロボットがどんどん導入されて、SCM業務を変貌させていくでしょう。

ロボットの処理による業務プロセスの自動化を、ロボティック・プロセス・オートメーション（Robotic Process Automation、以下、RPA）といいます。簡単なルールや分岐判断は事前のプログラムで処理されますが、最近ではこの分岐判断を人工知能（Artificial Intelligence、以下、AI）に実施させようという動きになっています。いまのところ、AIは製造業の複雑な業務処理については実用段階にありませんが、遠くない将来、簡単な判断はAIが行う時代になるでしょう。

RPAがSCM業務の実行業務、計画業務に導入されると次ページの図のようなイメージになっていきます。

### ◇SCMにおける実行業務プロセスのRPA化

実行業務は、単純な処理業務です。RPAの対象としては導入しやすいでしょう。たとえば、A社宛に請求書を作る作業（実行業務）を考えてみましょう。まず、請求月の取引をデータベースから抽出します。値引き対

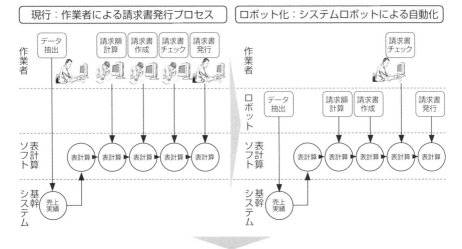

象は値引き、大量購入に対するボリュームディスカウント、特別値引きなどを計算し、最後に消費税を別建てで求めて、請求書フォーマットに書き出すという一連の作業です。

　こうした作業は、古くは電卓、最近でも人が表計算ソフトで計算するなどしています。基幹システムが導入されていても、抽出、計算、印刷といった処理は1つひとつ人間がプロセスの指示をしなければならず、人手がかかっているのが実態です。

　こうした処理プロセスを自動化してくれるのが、RPAです。A社請求書の作成を指示すれば、データ検索・収集、計算、集計、印刷まで一発で処理してくれるのです。RPAでは、判断も組み込まれ、当月分だけの抽出、値引き対象の選択、A社向け掛け率の特定などを行ったうえで計算してくれます。処理ロジックと判断ロジックを組み込んで、一連の処理を一気に実行してくれるわけです。

　RPAによって実行業務の精度は上がり、スピードは速くなり、そのう

え人手も削減できるのです。

## ◇SCMにおける計画業務プロセスのRPA化

計画業務でも同様にRPA化できます。実績を収集し、需要予測を自動化できます。販売計画については人の意思入れが必要ですが、その後の基準在庫計算、発注計算、また、予実差異の可視化情報、計画変動や在庫過剰・過小といったアラートの作成も自動化できます。これらの自動化の結果、人間はより分析、判断業務にシフトできるのです。

## ◇マネジメント業務と意思決定業務はロボット化できない

RPAで処理は自動化できても、計画におけるリスク判断や意思決定はシステムで自動化できません。マネジメント業務や意思決定は人の仕事です。人が意思決定するための判断材料を迅速に収集・作成するところまでをロボット化し、意思決定の支援をさせるようにしましょう。

## ◇RPAやAIは今後重要な技術になっていく

AIを使わないまでも、今後業務プロセス設計においてはRPAに対する意識とシステム要件定義が必要になってきます。特に、人手不足が深刻になる日本では重要な技術になります。もちろん、人件費の高騰が続く新興国でもコストダウンの手段として検討されるでしょう。

第 **10** 章

# より強力なSCMのための
# 「紐」解きと「編み上げ」

# 10-1

## SCMの「紐」解きとは

### 千差万別のマネジメントのあり方を見極める

#### ◇ SCMはなぜ難しいのか

　SCMを導入するときには、「なぜ改革にそんなに時間がかかるのか」とか、「なぜシステムにそんなにお金がかかるのか」といわれます。結論から言うと、企業によって千差万別となるマネジメントの形態を解き明かすためのキーとなるフレームワークを持っている人が少ないから、時間もお金もかかりうまくいかないのです。

　SCMは、たくさんのからみ合った要素を持っているので、把握すべきポイントとマネジメントのキモをきちんと押さえてかからないと、何もできないといっても過言ではありません。

#### ◇ 「紐」を解きほぐして業務を見極める

　「紐」には、以下の7つの項目があります。

①製品階層
②拠点・組織階層
③対象期間と時間単位（バケット）
④ローリング
⑤制約条件
⑥基準在庫計算
⑦需要予測単位

　「紐」というたとえを使ったのは、これらの項目がいままで説明してきた業務にからんでいて、それぞれを厳密に解き明かして定義しないと、きちんとした業務が設計できないからです。完成度の高いSCMを構築するためには、何を判断材料に、どんな意思決定をすればよいのかを、再び業務として再定義する必要があるのです。

　たとえば、販売計画は、製品階層と拠点・組織階層でどう立案するのか

### ◀SCMの「紐」と計画▶

| | 需要予測 | 販売計画 | 需給計画 | 生産計画 | 調達計画 |
|---|---|---|---|---|---|
| 「紐」① 製品階層 | ○ | ○ | ○ | ○ | |
| 「紐」② 拠点・組織階層 | ○ | ○ | ○ | ○ | |
| 「紐」③ 対象期間と時間単位（バケット） | ○ | ○ | ○ | ○ | ○ |
| 「紐」④ ローリング | ○ | ○ | ○ | ○ | ○ |
| 「紐」⑤ 制約条件 | | | ○ | ○ | ○ |
| 「紐」⑥ 基準在庫計算 | | | ○ | ○ | ○ |
| 「紐」⑦ 需要予測単位 | ○ | | | | |

○：「紐」が関連する業務

は企業ごとにちがいます。

　パソコンであれば、単品という製品階層で、北米、欧州、日本、その他地域という組織階層で販売計画を立てたりします。一方、トラックやダンプは、車型とエンジンサイズで各国別に販売計画を立てたりします。この例から、パソコンメーカーで販売実績を見て、販売計画を意思決定する業務形態は、トラックやダンプとはちがうことがわかりますが、こうした企業ごとの業務のちがいを解き明かす必要があります。

## ◇解いた「紐」で再び業務を編み上げる

　解いた「紐」によって、SCM業務としてどんな観点を持って考えるべきかが明らかになります。今度は、解き明かした「紐」で、再び業務が成り立つように編み上げるのです。たとえば、販売計画は製品グループで立案し、需給計画で在庫数と生産要求を計画するタイミングで製品グループを単品単位に分解するなど、それぞれの業務でどのような「紐」のレベルで行うのかを編み上げるわけです。

# 10
## 2

解くべき「紐」①
# 製品階層の特徴
製品のどの階層を切って、どこで意思決定すべきか

## ◇ どの製品階層で計画するのかを見極める

　製品階層は、需要予測、販売計画、需給計画、生産計画の各計画で定義する必要があります。

　製品には、最下層から品目、シリーズ、カテゴリーといった階層があります。もちろん、この階層の名称や区分の仕方も企業ごとにちがいますが、それぞれの計画で、どの製品階層で意思決定するのかを見極める必要があります。たとえば、重機の例で見てみましょう。あくまで製品階層の例ですが、重機の種類を見ると、道路用重機というカテゴリーで、ロードローラーシリーズというものがあり、ローラー型ロードローラー、タイヤ型ロードローラーという品目があるという構造です。

　販売結果は、品目、シリーズ、カテゴリーで見ることがありますが、需要予測や販売計画を立案する際は、品目だと細かすぎるので、1つ上の階層であるシリーズで見るとか、需給計画は在庫がからむので品目で見るとか、必要に応じてどの製品階層で考えるべきかが決まります。

## ◇ どの製品階層で計画するかに決まりはない

　この製品階層に正解はありません。企業ごとに異なるのです。たとえば、ソニーと松下と日立では定義と各計画で使う階層がちがうかもしれません。企業個別に検討すべきですが、こうした切り口があるのです。

　他の業界でも千差万別です。たとえば、風邪薬の販売計画では、まず風邪薬全体がいくら売れそうかについてカテゴリー単位で計画します。販売計画はこれで終了し、原料購入のための調達計画も風邪薬カテゴリー一本で問題ありません。ただし、包材は何包詰めかがわかる単品の計画にしないと買えないため、品目階層の調達計画数に展開します。

　一方、営業がキャンペーンする場合も、キャンペーンは30包詰めの製品

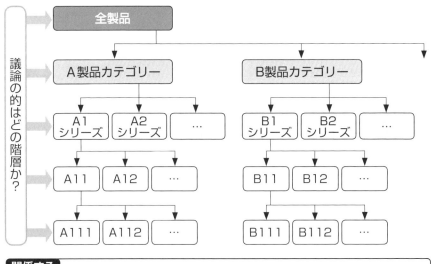

で行うのか、100包詰めの製品で行うのかを決めないと、どの製品を多く充填・包装すべきかの計画が立たないため、カテゴリー単位だった販売計画を品目単位に展開して、キャンペーンで上乗せする生産数量を決めます。

同様に、自動車メーカーでは販売計画は車種・車型とエンジンをベースに立てれば十分かもしれません。しかし、色、シート、オプションなど"単品車種＋付属品明細"まで決まらないと生産できないといった具合で、**どの計画をどの製品階層で考えるのかが重要な要件**になります。

このように、各計画においてどの階層レベルで計画すべきかを明らかにし、変換の必要性を考えます。"カテゴリー単位・販売計画"を品目単位に、"車種・車型とエンジン単位"の販売計画を"単品車種＋付属明細"に変換しなければ、意思決定ができないからです。

つまり、各計画立案時に、意思決定が可能な製品階層を「紐」解いて、どのタイミングのどの業務機能で、どう判断し、どう意思決定するのかを企業ごとに「編み上げる」ことが必要になるのです。

## 10
## 3
解くべき「紐」②
# 拠点・組織階層の特徴
全国一律か、担当者1人ひとりで計画するのか

### ◇ 拠点の階層、組織の階層、その組み合わせ

　次に解くべき「紐」は拠点・組織階層です。前項の液晶テレビの例で考えてみましょう。たとえば、A社だったら販売計画は北米、欧州、日本、その他地域という拠点で、製品シリーズ単位で立案するかもしれません。B社の場合は、全世界統一で製品シリーズ単位の計画を立てるかもしれません。そして、A社もB社も需給計画を立案するときには、各拠点単位に品目での計画数に展開するかもしれません。

　拠点階層は、さらに組織階層との関係を確認します。たとえば、北米拠点として販売計画を立案したものの、キャンペーンは北米内の州支店別という組織別に行うこともあるでしょう。あるいは、日本国内で一本の数字で販売計画を立案しても、ヨドバシカメラなどの大型量販店の営業部別でキャンペーン計画を立案するかもしれません。そうすると、拠点単位と組織単位で販売計画の立案方法と整合方法の明確化が必要になります。

　拠点階層も組織階層も、ある階層で立案した計画は積み上げ集計したり分解したりします。この集計、分解方法も解き明かすべき「紐」です。

### ◇ 生産計画立案のために需給計画などを分解する

　また、ある拠点単位、組織単位に販売計画、需給計画を立案しても、生産計画につなげるには、つなぐことが可能な拠点単位あるいは組織単位に分解する必要があるのです。通常は、その生産必要数量を生産地別にまとめ直して、各生産拠点に対して生産計画を立案することになるでしょう。たとえば、北米で販売計画、需給計画を立案し、北米での在庫数も決まったとしても、品目ごとに生産拠点がアメリカ国内、アジア、日本と分かれていたならば、今度は生産拠点ごとに生産計画数量をまとめ直して、それぞれの拠点に送る必要があります。

190

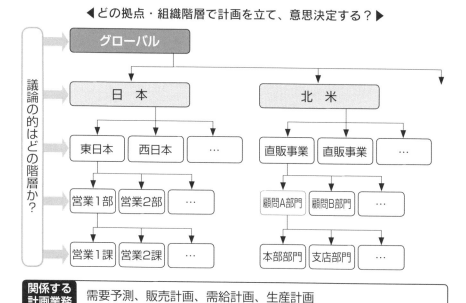

　このように、販売計画、需給計画、生産計画をどの拠点階層、組織階層で立てるかを考えることは、意思決定の拠点・組織の単位を決めていることになるため、重要な「紐」解きであり、かつ「編み上げ」なのです。
　拠点階層と組織階層は、予算管理の階層とSCMでの計画の階層が異なると、収益管理が難しくなる企業もあります。予算策定時の階層と月々の計画・実行の収益把握階層がちがうと、予算達成度が測りにくくなるからです。拠点階層と組織階層は、じっくりと検討を要する「紐」なのです。

## ◆拠点・組織間の関係性にも注意

　販売に関わる拠点・組織も、生産に関わる拠点・組織もそれぞれに予算を持ち、収益に対する責任を負っています。計画立案や変更の影響は相互に及ぶため、拠点間・組織間の業務の連携レベルにおいても階層を合わせることが重要です。「営業の一部門対工場」とか、「製造ライン対販社」などの連携ではなく、「営業部対工場」、「工場対工場」などの対等のレベルで意思決定できるように業務を考えていきます。

## 10

## 4

解くべき「紐」③
# 時間単位(バケット)と対象期間
単位は月か、週か、それとも日なのか

### ◇時間軸という「紐」解き

　次の「紐」は時間軸です。まず、計画の単位としては、年、月、週、日（もっと言えば時間単位）などがあります。SCMではこの単位を**バケット**と呼びます。いわゆるバケツ（Bucket）で、数字を入れるバケツの大きさという意味です。たとえば、販売計画は月の数字（月バケット）で立てるけれど、需給計画と生産計画は週の数字（週バケット）に分解して立てるといった具合です。

　バケットは、業務のサイクルにも関連しています。販売計画が月バケットということは、販売計画の立案、見直しが月サイクルで行われるということです。また、需給計画と生産計画のバケットが週バケットということは、その立案、見直しが週サイクルで行われるということです。

　このように、バケットとサイクルは同期させて考える必要があります。ただ、この例のように販売計画は月バケット、需給計画と生産計画は週バケットとしていると、バケット連携が同期していない場合があります。つまり、月バケットの販売計画を週バケットの需給計画と生産計画につながるように、どこかでバケット変換をします。展開方法は、一度、日バケットに詳細化して週バケットにまとめる場合、月バケット内に週バケットを「入れ子化」しておく場合などがあります。このルールもバケットという時間軸の「紐」解きの１つになります。

### ◇計画が見直される頻度も勘案する

　バケットとサイクルは企業の計画頻度とも関係しますし、業務のレベルにもよります。月バケットで計画する企業は、週サイクルで計画されている場合よりアクションが遅くなるか、あるいは常に混乱しているかのどちらかでしょう。

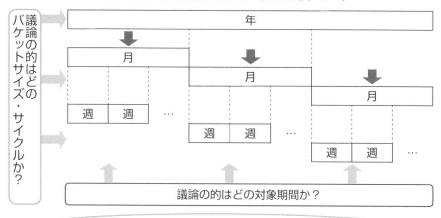

時間に関する「紐」は、バケット、サイクル、対象期間の3種類ある

**関係する計画業務** 需要予測、販売計画、需給計画、生産計画、調達計画

　SCM計画では週バケットあたりがちょうどよいくらいですが、売れるサイクルが月であれば、需要予測や販売計画は月バケットで月1回行い、需給計画で週バケットに展開し週サイクルでこまめに見直していく形があるでしょう。日程計画や実行は、日や時間のバケットでよいでしょう。

　バケットもビジネスのありようと計画機能によって、どのバケットが適切で、必要に応じて細かいバケットに分解したり、逆に集計したりするのかについて「紐」解く必要があります。

　また、時間でいうと対象期間の「紐」解きもあります。実績の期間、すでに確定した期間（計画凍結期間）、今回確定する期間、内示や予定の期間などです。たとえば、いまから見た過去は実績の期間です。いまから見て未来であっても、以前に計画して発注済みの場合など、変えられない未来の期間があります。計画が確定した期間が、すでに確定した期間（計画凍結期間）です。また、今回確定期間を定め、その先は内示や予定のまだ変えられる期間になるのです。この定義は、次項の計画ローリングと関係します。

# 10
## 5
解くべき「紐」④
# 計画ローリングのルール
**時間軸の「紐」である対象期間との関連で解く**

### ◆計画ローリングという考え方

　対象期間は「紐」解くべき対象ですが、時間が経過するのに応じて、この対象期間もズレていきます。

　たとえば、生産計画の確定期間を4週先としている企業があったとします。この企業で生産計画を立案する際、実際に生産指示をするのがいまから4週間先の数量だという意味ですが、この4週先は、先週の計画立案時には5週先だった期間です。つまり、この週は、先週は予定の期間だったけれども、今週は確定の期間になったということです。

　このとき、先週の予定段階で人員計画を立てていて、今週確定のタイミングで急に生産計画数が増えると、人が足りなくなるかもしれません。逆に、生産計画が減れば人が余るかもしれません。人は、足りなくても余っても困ります。人を用意するのは4週先では間に合わず、もっと前から用意するので、予定の段階から、何人必要かを計画するために常に情報がほしいわけです。

　そこで、ずっと前の予定から計画情報を提供してもらい、確定に近づくまでに何度も見直して、人員計画を微調整していって確定につなぎます。計画が確定すれば、必要な人数も確定します。

　つまり、確定の何週間も前から、計画が常に見直され、確定時までに精緻化されていくのです。計画を何度も見直していくのが**計画ローリング**です。どの計画が、どう計画ローリングされ、どこに影響するかを「紐」解く必要があります。

### ◆未来の計画ローリングのルールはゆるい

　また、計画ローリング時に計画をどこまで変えていいのかもルール化されます。上の人員計画の例では、計画の確定タイミングで2倍の人員が必

194

要といわれても対応できないでしょう。実際に対応できるのが、人をうまく回したり、手配したりして20％の増員くらいであるとすると、生産数量計画数の増加可能な範囲も20％程度ということになります。これがルール化されると、計画確定タイミングでは「＋20％が上限」となるのです。

このルールは未来の計画ローリングではゆるくなります。たとえば、「予定の期間は無制限に計画数を増減できるものの、内示の期間は±30％の範囲まで、確定は＋20％が上限」といったルールになっていきます。

ただし、この増減のルールは各品目で生産能力や部品を取り合うのであれば、精緻に決めるのは困難です。あくまでガイドラインとしてのルールになる場合もあるので、そのときは製販調整会議などで必ずマネジメントの意思決定を介して増減を決めることが必要です。

また、もし増減のルールが設定できない場合は、生産や調達に属する組織から計画に対する実現可能性を回答してもらう必要があります。要求数がかなえられるのかどうかを納期情報として開示することで、増減の限界値を回答する業務とします。

# 10

## 6

解くべき「紐」⑤

# 制約条件の特定

物理的なもの、時間的なもの、社の方針などさまざま

### ◇ 制約条件は時間軸で変化し、かつ移動する

　第4章5項や第6章2項で例を挙げましたが、企業活動にはさまざまな制約があります。前項のローリングで触れた人員計画は制約条件の一例ですが、一口に制約条件といっても、じつは特定するのが難しいのです。なぜならば、制約条件はタイミングによって変化したり、移動したりするからです。

　たとえば、生産計画をローリングしていくと、3か月前には設備投資計画が決まると設備能力が制約条件となり、そして、2か月前には部品の調達計画が決まると設備能力の枠の下で調達可能部品数が制約になり、1か月前に人員計画が、設備能力制約と部品制約の下で制約になっていきます。人をいくら増やせても、設備能力制約と部品制約が天井になって、意味がないということになります。つまり、**制約条件は時間軸で変化していく**のです。前項では簡単に触れましたが、人員計画という1つの制約だけ見れば計画が確定できるかというと、そうでもないのです。

　また、**制約条件は移動します**。たとえば、ある設備の能力を上げると、今度は別の設備が制約になったりします。あるいは、作る品種によって、機械Aがボトルネック（制約）になる場合と、機械Bがボトルネックになる場合があるのです。

　時間軸で変化する制約条件と物理的に移動していく制約条件があるために、単純に制約条件を1つとか2つとかに絞ることはできません。制約条件を特定して、システムに実装するのは意外に難しいのです。

### ◇ 制約条件はたくさんある！

　自社工程能力、外注工程能力、金型（治工具）の数、作業人員出勤状況、作業人員の熟練度、調達部品数、作業順序、輸送単位、保管場所の容

196

◀計画時に考慮すべき「制約条件」▶

**制約条件の例**

- **物理的な制約**
  生産能力（設備・人員・治具・工具・金型）、部品確保数量、原材料確保数量、輸送数量の上限、倉庫などの保管数量の上限　など
- **時間的制約**
  賞味期限や使用期限　など
- **法律上の制約**
- **会社の方針・ルール　など**

- 考慮すべき制約条件はどれか？　・必須の制約と必須でない制約は？
- 制約に依存関係はあるか？　・制約に考慮すべき順序はあるか？

絶対考慮すべきハードな制約と調整可能なソフトな制約に分けて、
計画立案を柔軟に行えるようにする

| 関係する計画業務 | 需給計画、生産計画、調達計画 |
|---|---|

量、特殊な保管設備段取り時間の中断可否、気温、湿度、薬液の力価、賞味期限・使用期限……。制約条件には、ざっと挙げただけでもこれだけのものがあります。

　しかし、計画段階ですべての制約を見るのは困難です。仮にシステムで複数の制約を考慮できるとしても、影響範囲や因果関係として人間が理解できる制約条件の数は、せいぜい１つか２つですから、まず考慮すべきは、ハードな制約にとどめ、あとは業務実行時に調査していきます。

　また、こうした物理的・時間的な制約条件以外に法律や方針上の制約条件もあります。企業内で特に厄介なのが**方針制約**です。

　「重要顧客のオーダーは最優先」、「在庫低減活動中で今後値上がりが見込める市況品の原料購入ができない」、「稼働率優先なので、製品在庫が過剰でも生産を止められない」などの方針が制約になって、業務上の問題が生じる場合もあります。こちらは業務上の判断、意思決定では回避できない方針制約になるため、マネジメント方針の影響も「紐」解く必要があるのです。

## 10
## 7
解くべき「紐」⑥
# 基準在庫計算の考え方
統計的な対応（演繹法）と実践的な対応（帰納法）がある

### ◇ 基準在庫は分解して考える

　意外なことですが、あるべき基準在庫を設定していない企業がたくさんあります。

　基準在庫を設定せずに、何か月も前に確定注文をもらって、期間の長い受注生産をして、在庫対応をとらないメーカーもありますし、設備の関係で生産のチャンスがあまりない製品を作っているメーカーでは、「基準在庫なんて考えられない」という事情もあります。

　また、基準在庫を設定して運用したくても、そのやり方がわからない企業もたくさん存在しています。

　基本的に、基準在庫は、必要な期間の要求数（期間バケット所要）と、供給されるまでの期間の変動に対応できる**安全余裕数**（安全在庫）を合計して見ていきます。期間バケット所要はおのずと決まりますが、安全在庫は、供給される期間（リードタイム）と変動分から求められます。

　変動分というのは、過去の実績から、どれぐらい予想とブレた出荷が発生したのかを変動と考えて、この変動にどこまで対応できる量を確保するのかということです。たとえば、次の仕入れが4週間先であれば、この4週の間の仕入れがなくとも持ちこたえるためには、4週間の出荷数がどんなにブレてもよいように100%変動対応するのか、95%の変動対応くらいでよいのか、80%くらいでよいのかを決めなければいけません。95%の変動対応とは、100回のうち5回は欠品してもしかたがない、80%なら100回のうち20回は欠品を許そうという意味です。

　基準在庫は、必要な期間の要求数と、安全余裕数に分解して、安全余裕分をどう持つべきかを統計的に検討して、「紐」解く必要があるのです。在庫理論に沿って演繹的に考えて、その後、シミュレーションして実装可能かどうかを判断すれば、ある程度決めることができます。

198

**◀基準在庫の計算方法▶**

| 統計的な基準在庫の計算方法 | 期間バケット所要数量<br>＋安全在庫（どれくらいの欠品を許すかを決める*）<br><br>＊欠品を絶対許さないのなら100％、5％の欠品を許すなら95％、<br>　20％の欠品を許すなら80％の変動対応とする |
|---|---|

**どちらを選ぶべきか？**

| 簡易な基準在庫の計算方法 | ・需要バケットの必要数の$x$倍分<br>・需要バケットから週バケット分の必要数<br>・出荷の平均<br>・定量数値（たとえば、常に100個など）<br>・Min-Max法（最少在庫と最大在庫を決める） |
|---|---|

| **関係する計画業務** | 需給計画、生産計画、調達計画 |
|---|---|

## ◈基準在庫を帰納的にとらえる

　一方、帰納的に考えることもできます。たとえば、「今週の注文の増加はせいぜい来週分が前倒しになる程度なら、2週間分の要求数（期間バケット所要）や計画数を持てばよいだろう」といった具合に定める方法です。

　こうした帰納法的な決め方も簡易な方法としては考慮すべきです。この方法には需要バケットの必要数の$x$倍分、需要バケットから週バケット分の必要数、出荷の平均数や決めうちの定量数値（常に100個、Min-Max法で最少在庫と最大在庫を決めるなど）などがあります。

　この方法を採用する場合は、過去の出荷実績を分析して、バケットごとにどれくらいの余裕を持てばいいかを見極め、「当バケット計画数の2倍分」とか、「当バケットから向こう2バケット分の計画数の合計」などと決めていきます。

## 10
### 8
解くべき「紐」⑦
# 需要予測単位の組み合わせ
要素が交錯するので最適なものを見つけるのは大変

### ◇ たくさんの「紐」がからんでいる需要予測単位

　需要予測単位は「紐」解きと編み上げの宝庫です。まず、製品軸があります。製品カテゴリーか、製品ファミリーか、単品かという「紐」です。また、全世界一本で予測か、国別か、県別かといった地域軸、営業所別か、倉庫別か、店舗別かなどの組織軸、さらに時間軸もあります。半期バケット予測か、月バケット予測か、週バケット予測かなどです。

　ややこしいのは、これらの組み合わせでどこが最適かを「紐」解かなければいけないことです。ある企業では、製品ファミリーで、国別で、月バケットが精緻な予測に適しているとしても、別な企業は単品で、倉庫別で、週バケットが優れているかもしれません。

### ◇ 予測精度で組み合わせが決まるとは限らない

　この組み合わせは、予測の精度がもっとも高くなるという視点で考えられることもあれば、意思決定の枠組みの視点で考えられることもあります。

　意思決定の枠組みでは、製品の特性によって変わってくることもあり得ます。たとえば、製造機器を売っているメーカーの予測は、高額機種は単品単位で営業所ごとに、中・低額機器は国内センター倉庫出荷ベースで、消耗品は消耗品の製品ファミリーで出荷割合に応じた按分で単品に分解するなどさまざまな例が考えられます。

　このようになるのは、高額機種は支店長の決裁で販売すること、中・低額機種は事業部が意思決定して事前準備し、支店は顧客注文でこの在庫を出荷していくこと、消耗品は本社の意向で大量在庫しておくので、生産効率を考えて大量生産し、あとで小分けするなど、ビジネス上の製品の考え方とマネジメントすべき内容がそれぞれ異なるからです。同一企業内でも

200

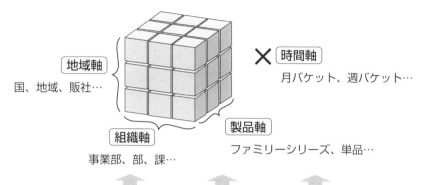

### 関係する計画業務
需要予測

さまざまな予測単位があります。

　一方、取得できる実績データが制約になる場合もあります。出荷実績が支店単位でとれていない場合、支店単位での予測はできません。逆に、日本という市場で一本の予測をしたいときに、支店単位でしか出荷実績がとれていなければ、日本国内の出荷実績としてサマリーする必要が出てきます。

　予測モデルによっては、世の中に稼動している機械を予測して、その中で使われる部品やアクセサリー単位で集計し直して、消耗比率や故障比率から掛け合わせて予測するなど、「紐」の要素がいろいろ出てくる可能性があることもあります。

　「紐」解いたうえで、どのような「紐」の「編み上げ」がもっとも適した予測モデルになるのかを決めるにはかなりの検討が必要です。逆に言うと、「紐」解いた後、判断ができ、意思決定ができ、マネジメントができる単位に再び編み上げるのは、けっこう手間がかかることなのです。

# ─column─

---

## SCMと人工知能
### SCMで必要な経営判断はAIではできないし、AIにさせるべきではない

---

#### ■ AIの進展とSCMでの活用方法

SCMの枠組みを「紐」に例えていろいろ書いてきました。それぞれの特徴に注意しながらきちんと編み上げるとは、人間はずいぶんと難しい意思決定をしているものです。「SCMは、多次元の方程式を解くようなものだ」という言葉を使いたくなるのですが、みなさんにも、その実感を少しでも持っていただけたらいいと思っています。

しかし、苦労したわりには、でき上がったSCM業務の姿は意外とシンプルだったり、あるいは、SCMの計画業務で使うシステムは単純な表計算のように見えたりします。数学の問題を解いてみると、答えを導く数式はシンプルなものになるように、SCMもシンプルなものになるのです。

ですが、そこまでたどり着けず、複雑怪奇なジャングルのような業務システムの企業はいまでもたくさん存在していて、「この複雑さを解決するためにAI（Artificial Intelligence）を活用できないか」といった議論が登場します。

AIは、人間ではできないような情報の大量処理、過去の判断ロジックや蓄積されたルールに則った判断を得意としています。いずれ人間を超える判断も可能になると思われますが、あくまでもルールに基づく判断であって、これから起こりうる未来を想定したり、意思を持ってリスクをとりに行ったりするなどの経営判断ができるわけではありません。

AIは人間の意思決定の支援システムであって、人間にとって代わるような意思決定を期待すべきではありません。ですから、意思決定が欠かせないSCMは人間の仕事なのです。

第 **11** 章

# SCM構築手順の
# ポイントを理解する

# 11-1 SCMを成功に導くための6つのステップ

失敗要因を省みると成功のポイントが見えてくる

## ◇SCMの構築に失敗する要因

　ここまで読んでいただければ、SCMとは、ビジネスをどのように認識して、目標実現のために計画業務と実行業務をどう組み上げるかを考えて、業務とシステムを一体で構築することだということをご理解いただけたと思います。こうしたことは当たり前かもしれませんが、過去多くのSCM構築プロジェクトは、この当たり前のことを行わなかったために失敗しました。その要因は主に5点あると考えます。

### ①会社の戦略を理解していなかった

　全社的な方針と整合せずにSCMを構築することは困難です。ビジネス上のパートナーや社内の組織ミッションを踏まえずには、あるべき業務を描くことはできません。まず、会社の戦略を理解すべきです。

### ②ビジネスのあり方を無視していた

　自社がどのようなビジネスを営んでいて、競争優位を生み出すためのSCMはどうあるべきかを確認する必要があります。この確認をせずに、いきなり業務を設計したりシステムを導入すると、そもそも自社の競争力獲得のための差別化要因が無視されたり、自社に合わない業務設計、システム設計になり、失敗に至るのです。

### ③実際に業務を行う人々を無視していた

　実際に多いのは、システム部門中心でSCM構築を推進することにより、業務サイドから総スカンを食らうことです。業務を行う人が理解しない、あるいは承認しないのであれば、いくら時間とお金をかけても失敗してしまうのです。

### ④ "有名だから" という短絡的な判断でシステム選定した

　ちょうど2000年ごろ、どの会社も有名なSCMパッケージシステムの導入に走りました。しかし、夢のような魔法のシステムはでき上がらなかっ

**◀SCM構築・成功のステップ▶**

ステップ **1** 戦略を必ず確認する

ステップ **2** サプライチェーンをモデル化する

ステップ **3** 業務フローの「見える化」、ルールの明確化

ステップ **4** 業務部門が業務設計にコミットする

ステップ **5** 自社のモデルと業務に合ったシステムを選ぶ

ステップ **6** システム側も業務側もエースを投入する

たのが実態です。自社のSCMに適合するのかさえ考えずに導入していた
からです。いまも、有名だからといって飛びついて失敗する例が後をたち
ません。

⑤**システムチームの技術レベルが低かった**

　最後に、SCMシステムは、会社の中枢神経ともいえるほど、各業務と
連携しているため、さまざまなシステムとのインターフェースが必要で
す。しかし、複雑化するシステムのインターフェースや運用を設計しきれ
ずに、結局、データの入らない箱にしてしまったシステムチームもたくさ
んあります。スキルの高い自社内外のメンバーを集めるべきでした。

　5つの失敗の要因を逆手にとると、SCMを構築するための6つのステ
ップが見えてきます（図を参照）。次項から、それぞれのステップについ
て詳しく解説していくことにしましょう。

# 11

## 2

### SCM構築・成功のステップ①
# 戦略方針を必ず確認する
いきなり業務設計、システム導入してはいけない

### ◇ 会社の現状と将来の目標を確認する

SCMを構築するには、まず会社の戦略方針を確認し、それに沿ったサプライチェーンモデルを考えるステップが必須です。そもそも、会社がどのような目標を持ってビジネスを営もうとしているかを明確にしないと、今後SCMを検討するにあたって、よって立つ基盤が不明確になります。

いま、会社はどのような業務を営んでいて、それをどう変えていくのかという戦略方針を踏まえないと、せっかく構築したSCM業務とシステムがまったく使えないということにもなりかねません。

### ◇ 最初に「戦略方針の確認」を行う

会社の戦略方針を確認するとは、ビジネス上の組織の配置やパートナーとの提携状態、顧客に対する売り方・届け方、在庫の構え方や生産の仕方などを確認するということです。こうした方針が会社ごとに決められる結果、サプライチェーンにバリエーションが生まれます。

たとえば、在庫を持たない受注生産方式を選ぶのか、それとも見込生産方式で在庫を持って、流通チャネルを通じて売るのかで、大きく異なります。つまり、会社がどのようなビジネスを営もうとしているのかによって、選ぶべきサプライチェーンの形態が変わってくるのです。

戦略方針では、販売戦略（直販か、流通経由かなど）、在庫戦略（デカップリング・ポイントをどこにするのか、倉庫をどのように配置するのか）、物流戦略（輸送は多頻度か、海外輸送は空輸か船かなど）、生産戦略（自社製造か、他社製造か、工程外注はあるかなど）、調達戦略（系列化か、オープンな調達化かなど）を確認します。

戦略方針は、目標によっても変わってきます。目標をきちんと確認することで、業務として何を達成すればよいかの判断基準が明確になります。

**◀「戦略方針の確認」で行うべきタスク▶**

| 確認すべき事項 |
| --- |

- 中長期的な事業目標
- 製品開発戦略
- 自社のビジネスの将来像と課題
- 現状保有資産の確認と今後の設備投資戦略
- 戦略方針（販売、在庫、物流、生産、調達）
- ビジネスモデル
- 目標値

➡ 将来、向かうべき方向を確認し、あるべきサプライチェーン（モデル）を描くインプットとする

現状の問題点

➡ 課題を認識し、現状の問題を理解し、議論のベースを合わせる

上記の「戦略方針の確認」は必須！
SCMは、ビジネスをデザインすることに等しいので、向かうべき方向性と現在の出発点を知ることで、「地に足のついた理想論」が議論できる

## ◇ 現況業務も確認する

　現状の業務を確認する意義はもう１つあります。現状の業務レベルと戦略方針のギャップを認識し、何をどのように変えていくべきかという課題が明確になるのです。

　たとえば、戦略方針として、製品在庫を持たない受注生産方式を目指したとしても、現状が製品在庫を持つ見込生産方式だとすると、計画の立て方、生産の仕方、受注の取り方、出荷の仕方などを変える必要があり、こうした点を変革すべきという課題が切り出されるのです。

　また、戦略方針と合わせて現状の業務も確認します。よく見かけるのは、「現状を無視してあるべき業務を考えるべき」と現状を無視するパターンですが、これはいけません。現状業務は、ビジネス上の制約や既存の設備、法的要件などの理由があって行われているのであって、それを無視しては議論が暗礁に乗り上げてしまいます。議論のベースを合わせる意味でも、現状確認は必須です。

# 11
## 3
### SCM構築・成功のステップ②
# サプライチェーンをモデル化する
### 戦略方針に基づいてビジネスモデルを展開してみる

## ◇ サプライチェーンモデリングとは

　SCMを構築するための2番目は、戦略に沿ったサプライチェーンモデルを考えるステップを実施することです。

　戦略方針を確認したら、いきなり業務設計に入りたいところですが、それではSCMは構築できません。なぜなら、SCMはビジネスモデルの設計そのものであって、ビジネスモデルによって、登場するパートナーや経営資源の配置状況、業務のマネジメントの仕方、業務の遂行の仕方が異なるからです。

　こうしたパートナーや経営資源を下敷きにしたうえで、どんな設備がどこにあり、モノがどう在庫され、流れていくのか、また、人員はどこでどれだけ必要か、計画業務、実行業務の関係はどうかなどを明確化することが、サプライチェーンをモデル化すること（サプライチェーンモデリング）になります。

## ◇ 「サプライチェーンモデリング」を行う

　SCMを構築するにも、自社はいくつのサプライチェーンモデルを持っているのかを確認しなければなりません。そのときの主な観点となるのが、デカップリング・ポイントです。

　もし、自社のビジネスに見込生産と受注生産の両方がある場合には、少なくとも2つ以上の業務形態が存在します。すると、それぞれの在庫配置拠点、需要予測、販売計画、需給計画などの計画の立て方、受注後の業務の流れが変わってきます。そのちがいを見極めるために、まず、デカップリング・ポイントを確認するのです。

　また、各計画業務、実行業務の形態も検討します。需要予測は、統計予測を使うのか、人的予測か、需給計画は供給配分などの業務が必要か、制

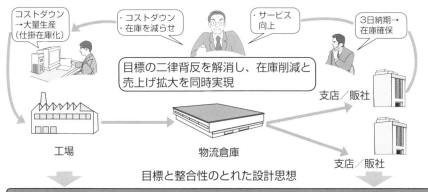

約は誰がどの範囲まで見るのかを決めます。さらに、物流拠点間の補充タイミング、配送頻度も決めます。これにより、補充計画の実行タイミングや配送資源（トラックなど）の配置方法、運用形態が変わってくるからです。

## 「サプライチェーンモデリング」は目標の二律背反も解消する

サプライチェーンモデリングにはもう1つ重要な役割があります。それは、目標の二律背反を解消することです。

会社の資金には限りがあり、在庫は持ちたくないのが本音です。ところが、売上げを確保するには在庫を持たなければならない場合、欠品をおそれるあまり在庫削減が滞り、資金難に陥ることがあります。つまり、在庫を減らすことと、在庫を確保して欠品を減らすことが二律背反となることがあるのです。このとき、製品と顧客で層別して、在庫削減対象と在庫増化対象を区分し、二律背反を解消することも、サプライチェーンモデリングを通じて行うことができます。

## 11
## 4

SCM構築・成功のステップ③

# 業務フローの「見える化」、ルールの明確化

時間軸と組織をきちんと描きこむ

### ◇ サプライチェーンモデルを下敷きに業務フローを描く

　SCM構築の３番目のステップは業務設計です。業務設計で中心になる作業は業務フローを描くことです。**業務フローは、識別されたサプライチェーンモデルごとに描いていきますが、そのとき、**さらに細かいシナリオが必要になります。

　計画業務の場合は、通常の計画のフローと供給逼迫時の配分計画のフロー、新製品立ち上げ時のフロー、生産終了時のフロー、販売終了時のフローなどのシナリオが必要で、それぞれで描く必要があります。実行系業務では、まさに顧客ごとに受注形態や出荷形態がちがったりしますので、必要に応じてシナリオを切り出すことになります。

　業務のシナリオごとに業務フローを描くので、最初にどれくらいの業務シナリオがあるのかを確認し、ヌケ・モレがないようにして、全体の工数を見積もることが肝要です。下手をすると、莫大な時間がかかるおそれがあるので、きちんと見極めて業務フローを描くタスク必要人員も見積もります。

### ◇ 業務フローを描くうえでの留意点

　よく見かける業務フローは、業務の箱が並んでいるだけの、単なる流れ図です。SCMを構築するには、これではまったく不十分です。SCMでは**業務のタイミングと前後関係、組織間の役割・権限が重要なので、**これらのことが読み取れる業務フローにしなければなりません。

　そのためには、業務フローには必ず時間軸と組織を明示して、「いつ、誰が、何に基づいて（どの業務のあとに）、何を決めたのか（何をアウトプットしたのか）、また、そのアウトプットが次にどんな業務につながるのか」を明示します。

210

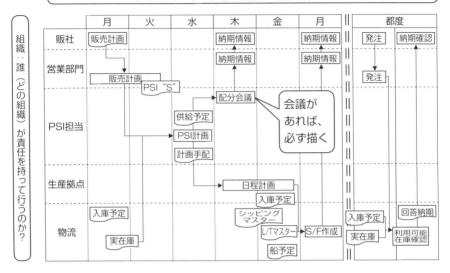

　単なる業務の処理を並べるだけではなく、**会議があれば「○○会議」として、必ず業務フローに描き込みます**。業務フローは、システムの処理フローではなくミーティングなどの協議や意思決定があるので、これらを描き込まないと正しい「業務」フローになりません。特に、組織の長による単独承認ではなく、会議などの合議体で承認を受ける場合、会議を描き込まないと、どこで、誰が承認しているのかが不明確になります。

## ◆業務ルールの明確化

　業務フロー作成と並行して業務ルールを決めていきます。供給が逼迫した場合の配分のルール、在庫が余ったときの生産ストップのルール、廃棄のルール、計画変更のルール、引き当て優先順序のルールなども定めます。

　業務ルールは、単に業務を行うときの標準になるだけでなく、ルールによっては、システムに実装されるものもあります。システムに実装されることになるのなら、そのルールは明確に定義することが要求されます。

# 11
## 5
**SCM構築・成功のステップ④**
# 業務部門が業務設計にコミットする
**システム部門ではなく、業務部門がSCMの主役**

## ◇ システム部門やプロジェクトメンバーに任せきりにしない

SCMを構築するための4番目のステップは、業務部門のコミットを得ることです。

もし、ここまでのステップをシステム部門がリードしていたのならば、必ず実際に業務を行う人の理解を求め、描かれた業務の承認をもらわなければなりません。あるいは、業務部門が中心となって業務設計を行ったとしても、実際に参加したメンバー以外にも業務を行っている社員や上司がいるので、それぞれに承認してもらう必要があります。

承認だけでなく、自らの業務として実行可能かどうかを確認し、フローどおりに実際の業務実行をコミットメントしてもらわなければなりません。あとで、「勝手に描いたフローだ」と言われないためにも、責任を持って承認し、実行を約束してもらうのです。そうしないと、努力がムダになるばかりか、このあとのシステム構築も失敗するおそれが高くなるからです。

システム部門やプロジェクトメンバーだけに任せきりにしてはいけません。もちろん、マネジメントは描かれた業務の姿が、設定された経営目標の達成に貢献するのかどうかも判断しなければなりません。

## ◇ 「集中検討会」で利害調整

では、業務サイドやマネジメントのコミットメントをどのようにとりつければよいのでしょうか。

もちろん、目標やサプライチェーンモデルと合わせて、業務フローと業務ルールを個別に説明したうえで承認を得ていく方法もあります。これはこれで必要なタスクですが、効率が悪く、かつ、ある部門が是としたことを他の部門が非とすることがあり、あとで間に入ったプロジェクトメンバ

212

**◀集中検討会の例▶**

| | |
|---|---|
| 討議<br>テーマ | 顧客サービスレベルの合意<br>　・受注から顧客までのリードタイム<br>　・見込生産と受注生産の切り分け<br>　　（デカップリング・ポイントの上流化）<br>　・補修部品在庫ポイント<br>　・在庫基準<br>業務サイクル<br>　・需要予測サイクル、販売計画サイクル、PSIサイクル<br>　・バケット<br>業務権限<br>　・受注・納期回答ルール<br>　・生販調整ルール<br>など |
| 参加者 | 営業担当、マネジメント<br>PSI担当、マネジメント<br>生産管理担当、マネジメント<br>調達担当、マネジメント<br>物流担当、マネジメント　　　など |
| 期　間 | 各事業ごとに1日 |

→ マネジメント、利害関係者、実務担当者のコミットメント

ーが右往左往する場面も多く見かけます。SCMですから、組織間の業務の流れを整理していくなかで、業務負荷が増えたり、権限がなくなったり、逆に、責任が重くなったりする部門があり、その利害調整が必要になるのです。

　利害を調整するためには、利害の対立する部門の担当者と上位層のマネジメントに参加してもらって一気に調整をかけていく方法があります。すなわち、「集中検討会」というミーティングを開き、各部門とそれを統括するマネジメントに出席してもらい、目標の確認、サプライチェーンモデルの確認、業務の流れとルールの承認、利害対立の解消と納得、今後の業務としての実現への協力をとりつけるのです。

　ある種の儀式のようでもありますが、これが意外と大切です。一堂に会して同じ内容を聞いて承認をしていこうということの、参加者全員が証人になるのです。あとで「そんなことは知らない」とソッポを向くのが難しくなるため、マネジメントも担当者も責任を持って自分の業務を引き受けてくれる仕掛けになるのです。

213

## 11-6 SCM構築・成功のステップ⑤
# 自社のモデルと業務に合ったシステムを選ぶ
### これからは"コミュニケーション型"のシステムが求められる

### ◆なぜSCMシステムは"使えない"のか

　会社の戦略を確認し、サプライチェーンモデルを明確にし、そのモデルと業務シナリオに沿った業務フローを描いて業務の「見える化」を行うと、おのずと必要なシステム機能が明確になります。

　業務の「見える化」によって、計画業務は意思決定業務であること、一方、実行業務は粛々とスピーディーに、かつ、正確に処理すべきことが明確になります。そうなると、計画業務では、マネジメントや計画立案者が意思決定できる材料がそろえばよいことがわかり、それに必要なシステムが要求されます。実行業務では、伝票が流れ、誰がどの伝票に何をインプットして、処理していくかが正確に把握できるシステムが求められます。

　その結果、計画業務にはSCMシステム、実行業務にはERPなどの統合基幹システムが合致していることがわかります。

　ERPは、伝票が流れてわかりやすいので、どんなものを選ぶかは大きな問題ではなく、難しくもありません。しかし、SCMシステムは会社ごとのマネジメントの形態が相違するため標準化やテンプレート化が困難で、パッケージシステムを導入すれば必ず動くという代物ではないのです。この辺が"SCMシステムは使えない"と評される原因になるのです。

### ◆"エンジン型"が合う業務、"コミュニケーション型"が合う業務

　SCMシステムは大きく2種類に分類することができます。エンジン型とコミュニケーション型です。

　エンジン型とは、複雑な計算ロジックや統計モデルを搭載して、高スペックの高額ハードで、計算を「ブン回して」最適化計算を行うというものです。過去によく宣伝されたSCMシステムは、ほとんどこの形態です。

　エンジン型は、サービスパーツ補充やデポ補充のような、単純で、大量

### ◀マネジメントの判断を伴うなら「見える化」システムを▶

| 実行系SCMシステムを選ぶ際のポイント | 計画系SCMシステムを選ぶ際のポイント |
|---|---|
| 受注・出荷、物流、購買などの業務は、必要な「伝票」がきちんと存在するシステムを選定すべき | 計画業務では、絶対的に業務を優先してシステムを選定すべき |
| 実行業務は、できるだけ多様性を排除したシステムを導入すべき | 計画業務を「システムに合わせるべき」といってしまうのは、あまりに乱暴 |
| ただし、実行業務でも競争力の源泉になっている業務は、十分考慮する | 意思決定ができるように支援することができれば、まずは十分と考える |
| 業務の標準化が遅れている部分は、「システムありき」で、強引に標準化すべき | シンプルな計算と「見える化」からスタートで十分。その後に高度化してもよい |
| 競争力に関係のない部分は、パッケージシステムに合わせることも可 | 計画システムは自動最適計算エンジンではなく、コミュニケーションの道具 |

ERPなどの伝票ベースの実行処理システム

SCMの「見える化」システム

な補充数量計算が必要な業務に向いています。それなりに有効なパッケージシステムも存在しています。

　しかし、本書で明らかにしたように、ほとんどのSCM業務は、PSIの過去、現在、未来を検討することを通して、リスクを勘案し、組織利益の最大化を狙う「マネジメント業務」です。意思決定を伴うものなのです。それにもかかわらず、意思決定に関連する業務をオペレーションと混同し、エンジン型で自動最適化しようとしたために、"SCMシステムは使えない"という評価が生じたことは、先に説明したとおりです。

　実務的には、コミュニケーション型が求められています。**コミュニケーション型**とは、まさにPSIの過去、現在、未来の「見える化」なのです。開発側の嗜好で作られたエンジン型ではなく、これからはコミュニケーション型のSCMシステムが求められてくるでしょう。実際、多くのPSI「見える化」システムが導入されはじめています。

## 11
### 7

SCM構築・成功のステップ⑥
# システム側も業務側もエースを投入する

SCMは"会社の収益性を決定する重要な仕組み"と認識すべし

### ◇ システムの設計、開発、テスト

業務に適合したシステムが選ばれたあとは、通常のシステム設計、開発、テストに入っていきます。

計画業務の場合は、SCMシステムとして設計、開発、テストが実行されていきます。前項で説明したとおり、SCMはマネジメント業務であり、出来合いのパッケージシステムでは不満が残るため、実際には地道な設計、開発、テストが行われていきます。需要予測の実装や基準在庫計算の実装では統計の知識が必要です。また、計画数の集計単位・分解単位が業務のさまざまなタイミングで相違するので、データベース設計にもそれなりの技術が必要とされます。したがって、計画業務を支えるシステム構築には、十分な業務知識を持ったエースを投入すべきです。

SCMシステムは、会社の収益につながる意思決定を支援するものですから、本気で構築に取り組む必要があります。エースを投入し、粛々と設計、開発、テストを実行していくべきです。

一方、実行系システムについては、付加価値のない業務部分はERPなどのパッケージシステムで十分でしょう。いまでも、「この帳票が必要」「画面が入れにくい」と枝葉末節の議論も多いのですが、付加価値業務と、単なる過去からの慣習で行っている業務や非付加価値業務を識別して、追加開発でお金をかける部分とかけない部分をきちんと選別すべきです。

しかし、このようなことをするのは、従来のシステム部門には難しいかもしれません。特に、部門の言いなりでシステムを構築してきたメンバーにはつらい仕事でしょう。やはり、場面、場面では業務を熟知したシステム部門のエースが、上手にユーザーをさばいて、時には上司を動かし、政治力を使って導入していくことが必要です。

実行系システムは、社内では大切な実績収集、作業実績記録、会計記録

**◀全社を挙げてシステムを定着させる▶**

| | 設計 ⇒ 開発 ⇒ テスト | 定着化 |
|---|---|---|
| 計画系<br>SCM<br>システム | ・計画業務をよく知っているエース<br>・データベース設計知識<br>できれば<br>・統計知識<br>・販売、生産管理、購買管理知識<br>・高い説得のスキル<br>・柔軟なコミュニケーション力 | ・各業務をよく知っ<br>ているエース<br>・高い説得のスキル<br>・柔軟なコミュニケ<br>ーション力<br>・その他の一般ユー<br>ザーを教育しても<br>らう |
| 実行系<br>SCM<br>システム | ・実行業務をよく知っているエース<br>・ERPの知識<br>できれば<br>・付加価値業務と非付加価値業務の峻別能力<br>・高い説得のスキル<br>・柔軟なコミュニケーション力 | |

システムのエースを投入　　　　　業務のエースを投入

のシステムとして重要ですが、顧客には関係ありませんし、在庫削減や売上げ向上に対する貢献度は高くありません。したがって、莫大なお金をかけず、エースを投入してリーズナブル、かつ、スムーズに導入すればよいでしょう。

## ◇ システムと業務の定着化

　システムができ上がったばかりのときは、社員も不満をたくさん上げてきます。人間は保守的にできていて、新しいものより使い慣れたシステムをよいものとして認識しがちです。一時的には業務の効率は落ちるかもしれませんが、それもしばらくの間のことです。業務部門として、エースをキーユーザーとして、その他の一般ユーザーを教育してもらいながら定着させていきましょう。

# —column—

## SCMには部門を超えた経営的な視点が必須
### SCMは部門や組織、さらには企業の壁を超えて連携する仕組み

### ■個別組織の利害判断を超えた、顧客への貢献を考えた判断の必要性

　企業内の各組織は、ほとんどの場合、個別組織の目的と利害で活動します。営業は営業の利益の最大化を、工場は工場の利益の最大化を目指しているでしょう。個別組織で評価されるので、当然と言えば当然です。

　そのため、企業全体をよくしようというよりも個別組織の利害を優先しがちで、時に企業全体に損害を与えたり、時に顧客そっちのけで顧客に迷惑をかけたりしてしまうことも起こりえます。こうした状況下において組織横断で行われるSCM改革は、大変な労力と苦労を伴うものだとご理解いただけることでしょう。

　しかし、個別の利害ばかり追求していては愛想を尽かされます。顧客に評価され、同時にサプライヤーや外注先などのパートナーにも信頼されて初めて、企業組織が全体で追求する永続的な売上げと利益を上げることができるからです。

　SCMは、「必要なものを、必要な場所に、必要なときに、必要な量だけ」確実に、高品質・低コストで届ける仕組みです。そのため、個別組織の利害に立った視点ではなく、組織間で適正に連携し、顧客視点やリスクの視点を持った経営的判断とアクションが必要になるのです。

　全体最適という言葉は陳腐に聞こえるかもしれませんが、SCMは個別組織の利害を超えて、企業の永続性を担保する経営視点で意思決定する仕組みなのです。SCM改革を推進する際は、個別組織の利害を超え、顧客とパートナー企業との共存を意識して、高い視点で改革を推進しなければなりません。

# 索 引

### 数字・欧文

| | |
|---|---|
| 3段階発注 | 112 |
| 5S | 40,105 |
| B2B | 74 |
| B2C | 74 |
| BSC | 142 |
| CRMシステム | 176 |
| CS | 40 |
| ECR | 14 |
| ECRS | 123 |
| ERP | 170 |
| IE | 123 |
| IoT | 179 |
| JIT | 116 |
| KFS | 144 |
| KPI | 141 |
| MRP | 94 |
| OEM | 70 |
| PSI | 80,174 |
| PSI表 | 175 |
| PSI拠点 | 80 |
| PSI計画 | 80 |
| PSIの見える化 | 174 |
| QCD | 108 |
| QR | 14 |
| RPA | 182 |
| S&OP | 90 |
| SCM | 15 |
| SFAシステム | 176 |
| VMI | 117 |

### あ 行

| | |
|---|---|
| 安全在庫 | 198 |
| 安全余裕数 | 198 |
| 移動平均法 | 64 |

### か 行

| | |
|---|---|
| 確定（3段階発注） | 113 |
| 間歇需要品 | 66 |
| 期間バケット所要 | 198 |
| 基準在庫 | 198 |
| 季節変動法 | 64 |
| 供給情報 | 20 |
| 供給配分 | 89 |
| 拠点・組織階層 | 190 |
| 計画業務 | 60 |
| 計画在庫拠点 | 80 |
| 計画ローリング | 111,194 |
| 経済的発注数量 | 84 |
| 結果指標 | 145 |
| 工場渡し | 138 |
| 顧客購買ライフサイクル管理 | 154 |
| 顧客満足 | 40 |
| コスト | 57 |
| コック倉庫方式 | 117 |
| コンカレントエンジニアリング | 76 |

219

| | | | | |
|---|---|---|---|---|
| コンセンサスに基づく予測 | 64 | スライス&ダイス | 148 |
| コンタミネーション | 97 | 成功要因 | 144 |
| コンフィグレーション | 155 | 生産計画 | 61,94 |

### さ行

| | | | |
|---|---|---|---|
| サード・パーティー・ロジスティクス | | 生産リードタイム | 70 |
| | 55 | 製造指図 | 94 |
| サービスパーツロジスティクス | 156 | 製造特性 | 97 |
| 在庫回転率 | 25 | 生販在計画 | 80 |
| 在庫月数 | 25 | 製品階層 | 188 |
| 在庫の認識 | 102 | 製品軸（需要予測単位） | 200 |
| サプライチェーン | 15 | 制約条件 | 57,86,197 |
| サプライチェーンマネジメント | 15 | セールスパイプライン管理 | 75,177 |
| サプライチェーンモデリング | 208 | 設備特性 | 97 |
| 時間軸（需要予測単位） | 192,200 | 先行指標 | 146 |
| 時間的制約 | 86 | 層別配置 | 42 |
| 資材所要量計算 | 94 | 組織軸（需要予測単位） | 200 |

### た行

| | | | |
|---|---|---|---|
| 事前在庫ポイント | 97 | ダブルビン法 | 84 |
| 実行業務 | 60 | 段階発注 | 111 |
| 実需 | 20 | 段取り作業 | 100 |
| 仕販在計画 | 80 | 単品管理 | 134 |
| 従属需要品目 | 94 | 地域軸（需要予測単位） | 200 |
| 需給計画 | 61,78 | 長期の受注 | 63 |
| 需給調整 | 88 | 調達計画 | 61 |
| 需要情報 | 20 | 調達物流 | 136 |
| 需要予測 | 63 | 定期不定量 | 84 |
| 商談管理システム | 176 | デカップリング・ポイント | 23,97 |
| 小日程計画 | 95,100 | 適正在庫計算 | 85 |
| シリアルナンバー管理 | 135 | デポ | 41 |
| 人的予測 | 64 | 統計的需要予測 | 64 |
| ステータス管理 | 102 | 独立需要品目 | 94 |

トレーサビリティ ——————— 134
トレースバック ——————— 134
トレースフォワード ——————— 134

### な行

内示（3段階発注）——————— 113
納期回答 ——————— 72

### は行

配分計画 ——————— 78
バケット ——————— 192
バッチサイズ ——————— 97
発注点方式 ——————— 129
バッファ在庫ポイント ——————— 97
バランスド・スコアカード ——————— 142
販売意思入れ ——————— 63
販売計画 ——————— 61,63
販売物流 ——————— 136
一山管理 ——————— 134
プッシュ型 ——————— 44
物的特性 ——————— 97
物理的な制約 ——————— 86
物流 ——————— 18
物流進捗情報 ——————— 20
物流トラッキング ——————— 132
不定期定量 ——————— 84
不定期不定量 ——————— 84
プル型 ——————— 44
プロダクトマネジメント ——————— 160
方針制約 ——————— 197
法的特性 ——————— 97

### ま行

マネジメント ——————— 60
マルチタスク ——————— 97
見える化 ——————— 168
ミルクラン ——————— 138
モーダルシフト ——————— 52

### や行

輸送モード ——————— 52
予定（3段階発注）——————— 112

### ら行

リボルバー倉庫 ——————— 117
ロットナンバー管理 ——————— 134
ロボティック・プロセス・
　オートメーション ——————— 182

### わ行

枠取り ——————— 114

221

石川和幸（いしかわ　かずゆき）

早稲田大学政治経済学部政治学科卒、筑波大学大学院経営学
修士。日本能率協会コンサルティング、アンダーセン・コンサルテ
ィング（現、アクセンチュア）、日本総合研究所などを経て、サステ
ナビリティ・コンサルティングを設立、代表を務める。専門は、ビ
ジネスモデル構想、SCM構築・導入、ERPシステム導入、管理指
標導入、プロジェクトマネジメントなど。
著書に『図解　SCMのすべてがわかる本』『図解　生産管理のす
べてがわかる本』『在庫マネジメントの基本』『図解でわかる　販
売・物流管理の進め方』（以上、日本実業出版社）、『だから、あな
たの会社の「在庫改善」は失敗する』（日刊工業新聞社）、『思考の
ボトルネックを解除しよう！』『「見える化」仕事術』（ディスカヴァ
ー・トゥエンティワン）、『なぜ日本の製造業は儲からないのか』
（東洋経済新報社）、『図解　よくわかるこれからのSCM』（同文舘
出版）、『図解 工場のしくみが面白いほどわかる本』（中経出版）な
ど多数。

連絡先
Mail: kazuyuki.ishikawa@susco.jp
URL:http://susco.jp/

## SCMの基本

2017年12月 1 日　初 版 発 行
2024年 5 月10日　第 6 刷発行

著　者　石川和幸　©K.Ishikawa 2017
発行者　杉本淳一

発行所　株式会社日本実業出版社　東京都新宿区市谷本村町3−29　〒162-0845
　　　　編集部 ☎03-3268-5651　振　替　00170-1-25349
　　　　営業部 ☎03-3268-5161　https://www.njg.co.jp/

印刷／壮 光 舎　　製 本／若林製本

この本の内容についてのお問合せは、書面かFAX（03-3268-0832）にてお願い致します。
落丁・乱丁本は、送料小社負担にて、お取り替え致します。
ISBN 978-4-534-05539-2　Printed in JAPAN

## 日本実業出版社の本

下記の価格は消費税(10%)を含む金額です。

### この1冊ですべてわかる
### 在庫マネジメントの基本

石川和幸 著
定価 1870円（税込）

在庫が生まれる理由から、在庫の種類やそれぞれに対応した管理手法、在庫最適化へのさまざまな取り組み方など、在庫マネジメントの基本から運用時のポイントまでをまとめました。

### 図解でわかる
### 販売・物流管理の進め方

石川和幸 著
定価 1980円（税込）

製品による差別化が難しい昨今、「売ること」と「届けること」を一体でとらえる「販売・物流管理」の整備が急務です。顧客満足度を高め、競争力を強化するフレームワークをステップごとに解説。

### 最新版
### 図解　生産管理のすべてがわかる本

石川和幸 著
定価 1870円（税込）

生産管理の目的や管理手法、原価管理等を解説した入門書の最新版。サプライチェーンが分断・混乱したときの部品や原材料の代替調達先の考え方、IoTやAIなど最新の話題を盛り込みました。

### 〈図解〉基本からよくわかる物流のしくみ

角井亮一 監修
定価 1650円（税込）

基本知識から、システム化のポイント、包装の役割、コストの捉え方まで、企業の最新事例を交えてやさしく図解。「物流のしくみ」が基本からスッキリ理解できる入門書の決定版。

定価変更の場合はご了承ください。